中国荣耀

ZHONGGUO RONGYAO

高 奇 主编

山东城市出版传媒集团·济南出版社

图书在版编目（CIP）数据

中国荣耀 / 高奇主编. —济南：济南出版社，2019.7

ISBN 978-7-5488-3948-4

Ⅰ. ①中… Ⅱ. ①高… Ⅲ. ①社会主义建设成就—中国—通俗读物 Ⅳ. ①D619-49

中国版本图书馆 CIP 数据核字（2019）第 143021 号

微信扫一扫
聆听作者精彩演讲

主　　编　高　奇
责任编辑　张　静　戴　月
封面设计　胡大伟
特约编辑　乔俊连
出版发行　济南出版社
地　　址　济南市二环南路 1 号（250002）
发行热线　0531-86131701　67817923　86922073
编辑热线　0531-86131720
印　　刷　济南乾丰印刷有限公司
版　　次　2019 年 7 月第 1 版
印　　次　2019 年 8 月第 1 次印刷
规　　格　170 毫米×240 毫米
印　　张　8
字　　数　120 千字
定　　价　36.80 元

序 言

从苦难到辉煌，从筚路蓝缕到乘风破浪，从艰苦创业到高歌猛进，中华人民共和国，这个新生的社会主义国家，以坚定的步伐、昂扬的姿态走过了七十年波澜壮阔的奋斗历程。冬去春来，斗转星移，在七十年的历史长河中，发生过许许多多的大事件。中华儿女流过泪水，洒过汗水，有过欢声，有过笑语，这些大事件宛如滚滚洪流推动了新中国的历史进程，也以各种方式影响了世界，乃至改变了世界。

听——毛泽东主席向全世界庄严宣告："中华人民共和国中央人民政府今天成立了！"一个伟大的社会主义国家屹立在了东方地平线上。

听——"铁人"王进喜的豪言壮语："宁肯少活二十年，拼命也要拿下大油田！"石油工人们经过艰苦创业一举摘掉了"贫油国"的帽子，结束了我国依赖"洋油"的历史。

听——邓小平铿锵有力的话语："中央没有钱，可以给些政策，你们自己去搞，杀出一条血路来！"改革开放使中华民族开始新的腾飞。

听——一声清脆悦耳的枪响，最后一发子弹从许海峰的枪中射出，实现了中国体育史上奥运金牌"零"的突破，拉开了中国体育扬威世界的大幕。

听——"10，9，8，7，6，5，4，3，2，1，点火！"零号指挥员的倒计时口令响彻发射场上空，神舟五号飞船将中国人送上太空。

听——习近平主席向世界发出了邀请："欢迎各国人民搭乘中国发

展的‘快车’‘便车’。”合作共赢，共商共建共享，带着满满的诚意。

……

这是历史的脚步，是岁月的歌唱，每一个被时间记录的声音，每一段永载史册的珍贵回忆，皆是属于中国的荣耀时刻，是属于全体中华儿女的荣光。

看——毛泽东主席踏上他人生中第一次外交旅程，赴莫斯科访问。外交如弈棋，大国新外交处处彰显大国智慧。

看——容国团为中国夺得了首个世界乒乓球锦标赛冠军。从那时起，中国乒乓球队在世界乒坛上开始了领先之旅，壮我国威！

看——这是袁隆平院士绿油油的稻田，他正实现着稻下乘凉梦，“东方魔稻”对解决发展中国家的粮食问题做出了重要贡献。

看——五星红旗、紫荆花区旗、莲花区旗冉冉升起，飘扬在祖国的大地上，香港、澳门回到了祖国母亲的怀抱。

看——抗击埃博拉病毒的中国援非医疗队在高温高湿环境下，冒着生命危险与病毒抗争。

看——“和谐号”“复兴号”在风驰电掣地驰骋。

看——“中国红”席卷全球，春节正在成为世界性节日。

……

这是祖国的足迹，是复兴的见证，每一幅被空间定格的画面，每一帧彪炳千秋的宝贵镜头，皆是属于中国的辉煌时刻，是属于四海九州的盛举。

用行动书写奋斗，用脚步丈量未来。

久经磨难的中华民族，不畏艰险，不惧挑战，攻克了一个又一个难关，创造了一个又一个奇迹，实现了从站起来、富起来到强起来的伟大飞跃。在这一历史过程中，中国影响世界的大事便是迈过那一道道坎所取得的伟大业绩，是中华人民共和国历史画卷中浓墨重彩的一笔，是中华人民共和国历史乐章中的黄钟大吕，它们铸就了七十年中华人民共和国历史上的不朽诗篇，对世界发展与人类进步产生了不可磨灭的影响。

一件件大事印证着中华人民共和国走过的足迹，讲述着一个个动人的中国故事。这是中国人民同心协力、奋勇拼搏实现的一个又一个的中国荣耀。我们应当感激、应当珍惜，应当对祖国饱含热爱，应当为祖国感到自豪。这又是中国人民为世界的和平与发展事业做出的伟大贡献，它们展现的是中国声音、中国名片、中国元素，彰显的是中国特色、中国风格、中国气派，贡献的是中国智慧、中国力量、中国方案。我们应当为中华民族对人类的贡献而感到自豪！

今天，我们满怀信心与憧憬跨进了新时代，我们比历史上任何时期都更接近、更有信心和能力实现中华民族伟大复兴的宏伟目标，也能为世界做出更大的贡献。站在这一崭新的历史起点上，我们应当争做下一个中国荣耀的创造者，在九百六十多万平方公里的神州大地上，去书写更加灿烂的辉煌。

目 录

一件件大事印证着中华人民共和国走过的足迹，讲述着一个个动人的中国故事。

一唱雄鸡天下白

中华人民共和国成立

首都人民在天安门前热烈庆祝新中国成立

1949年9月21日，中国人民政治协商会议第一届全体会议在中南海怀仁堂隆重开幕。毛泽东豪迈地宣告："占人类总数四分之一的中国人从此站立起来了！"大会通过了《中国人民政治协商会议共同纲领》，选举产生了中央人民政府委员会组成人员，确定国旗为五星红旗，以《义勇军进行曲》为代国歌，首都定于北京。

1949年10月1日下午2点，中央人民政府委员会在中南海勤政殿举行第一次全体会议。下午3点，参加开国大典的30万军民齐聚天安门广场，共同迎接一个伟大时刻的到来。毛泽东主席用浑厚响亮、铿锵有力的声音，向全世界庄严宣告："中华人民共和国中央人民政府今天成立了！"

中华人民共和国的诞生，标志着中国新民主主义革命的基本胜利和半殖民地半封建社会历史的结束。它的成立改变了国际政治力量的格局，极大地鼓舞和促进了亚非拉等地区的民族解放运动，深刻影响了世界历史进程。

当激昂的《义勇军进行曲》奏响，毛泽东主席亲自按动电钮，代表着新中国的五星红旗第一次在中华大地上冉冉升起，随风飘扬，那一抹亮丽的中国红让人们心潮澎湃、热血沸腾。

54门礼炮齐鸣28响，象征着中国共产党领导广大人民群众艰苦奋斗的28年。

这一天，被历史和世界铭记；这一天，全国人民为之欢腾、为之雀跃、为之感动；这一天，中国的历史翻开了崭新的一页。

从这一天开始，亿万中国人民第一次看到了一个独立、统一、团结的国家开始站在世界舞台上。

从这一天开始，我们作为中华人民共和国的一分子，以中国人的身份昂首挺胸地阔步向前。

从这一天开始，中华人民共和国成了我们的坚强后盾，成了我们的避风港湾，成了我们魂牵梦绕的祖国。

从这一天开始，“中华人民共和国”成了最动听的声音、最美丽的词语、最有希望的未来。

但是，这一切都来之不易。在那贫穷落后的苦难岁月里，中国共产党不曾放弃，革命先辈们一步一步走过泥潭与沼泽，爬雪山过草地，流着汗水与鲜血，打败强大的敌人，创造了一个又一个的奇迹，从小到大、从弱到强，携手共进、风雨同舟……

正是千万革命先烈凭着坚定不移的信念、坚韧不拔的意志、坚持不懈的拼搏，中国人民终于迎来了中华民族浴火重生、凤凰涅槃的新时代。

中华人民共和国的诞生，开启了中华民族伟大复兴的新纪元。

中华人民共和国的成立……开创了我国人民掌握自己的命运的新纪元……从这个时候起，中国进入了社会主义革命和社会主义建设的新时期。

——《为第二个十年的更伟大的胜利而奋斗》(《人民日报》1959年10月1日)

外交新纪元

中苏建交

中华人民共和国成立初期，为同旧中国屈辱外交彻底决裂、同世界平等待我之民族友好结交，毛泽东提出“另起炉灶”“打扫干净屋子再请客”“一边倒”的外交方针。其中，“一边倒”即倒向社会主义一边。与此同时，苏联领导人明确表示：中国政府一成立，苏联立刻承认并与之建交。1949年10月2日晚9点45分，苏联副外长葛罗米柯致电周恩来，表示苏联政府决定同中华人民共和国建立外交关系，互派大使。3日，周恩来总理复电葛罗米柯。这一天，中苏正式建交。苏联成为首个承认并与中华人民共和国建交的国家。从此，中国开启了外交新纪元。

中苏建交是冷战背景下合乎中国外交战略与国际政治逻辑的必然趋势与选择。中苏建交不仅有利于中国各领域的建设，而且增强了社会主义阵营的凝聚力和向心力，改变了世界的力量对比和战略格局，推动了国际政治经济新秩序的构建，对维护远东和世界和平起到了至关重要的作用。

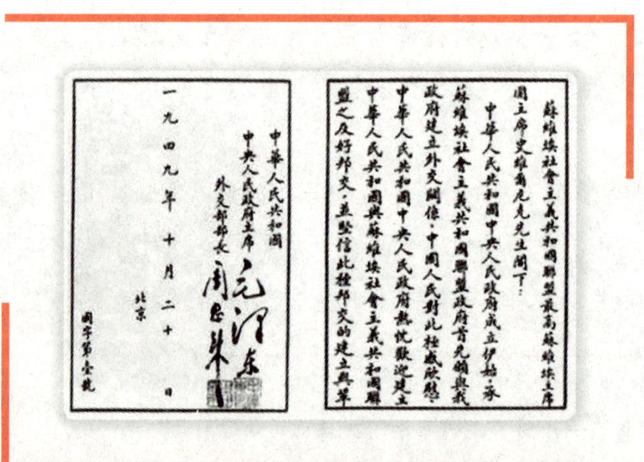
蘇維埃社會主義共和國聯盟最高蘇維埃主席團主席史維爾尼克先生閣下：

中華人民共和國中央人民政府成立伊始，承蘇維埃社會主義共和國聯盟政府首先願與我政府建立外交關係，中國人民對此極感欣慰。中華人民共和國中央人民政府熱忱歡迎建立中華人民共和國與蘇維埃社會主義共和國聯盟之友好邦交，並堅信此種邦交的建立與鞏

中華人民共和國
中央人民政府主席 毛澤東
外交部部長 周恩來
一九四九年十月二十日
北京
國字第壹號

由毛泽东主席亲笔签署、周恩来总理兼外长副署的中国首任驻苏联大使王稼祥的国书，这是新中国的第一份国书

外交如弈棋，大国新外交如何布局？

国内政权新建，经济凋敝，百废待兴。

国外以美国为首的资本主义阵营敌视社会主义，对新中国进行政治打压、经济封锁、军事威胁，新政权何以绝处逢生？

棋局复杂，每落一子，处处彰显大国智慧。

中苏两国领导人高瞻远瞩，运筹帷幄，以两国建交为契机，开启两国友好合作和同盟互助新局面。

1949年12月16日，毛泽东主席应约抵达莫斯科进行访问，这是他人生中第一次外交旅程，也是新中国最高国家领导人的第一次正式外交出访。

带着对两国发展前景的美好憧憬，毛泽东主席一行受到苏联方面的热烈欢迎，冰天雪地的莫斯科，热闹非凡。

在新中国领导人的努力下，《中苏友好同盟互助条约》终于在克里姆林宫签订，中苏两国在经济、政治、文化、军事等方面展开了友好合作，经济上互帮互助，政治上互相尊重主权与领土完整，文化上互相交流学习。

你投我以桃，我报之以李。如同周恩来总理所说的那样，中苏人民的团结是世界上任何力量都不可能撼动的。

新中国与她的第一位外国朋友、第一位社会主义好兄弟，用实际行动书写了一段国与国之间的友谊故事。

这样新的外交关系，是人民自己的国家相互间完全由自己的愿望所支配的最真实的国际友谊关系。这是两国真正在互相遵守平等、互利及互相尊重领土主权的原则上建立起来的。

——《欢迎中苏新的外交关系》（《人民日报》1949年10月4日）

民主的里程碑

第一届全国人民代表大会胜利召开

1953年，第一个五年计划开始实施，“三大改造”也如火如荼地展开，新中国加快了向社会主义过渡的步伐。1954年9月15日至28日，第一届全国人民代表大会第一次会议在北京举行。

会议通过了新中国第一部社会主义类型的宪法——《中华人民共和国宪法》，又称“五四宪法”。这次会议还通过了全国人民代表大会组织法、国务院组织法、人民法院组织法、人民检察院组织法、地方各级人民代表大会和地方各级人民委员会组织法，选举出国家领导人。自此，国家领导机构全面建立起来。

大会的召开标志着中国人民当家做主的根本政治制度——人民代表大会制度正式确立，开创了我国社会主义民主建设的新历程，是我国政治生活走向正规化、民主化、法治化的新起点，对国际社会主义运动的发展做出了突出贡献。具有划时代意义的“五四宪法”成为光辉的典范。

第一届全国人民代表大会开幕当天代表们步入会场

北京中南海怀仁堂，一座小楼见证了一场民主盛宴的开始。

仅仅630字的《为建设一个伟大的社会主义国家而奋斗》开幕词响彻整个会议厅，毛泽东主席以抑扬顿挫、气势磅礴的声音向场内一千两百多名人民代表宣告，向六万万全国人民宣告：“我们的目的一定要达到。我们的目的一定能够达到！”

这篇高屋建瓴、言简意赅的历史宣言书、动员令在今天读来依然那么荡气回肠，那么深受鼓舞。

宪法的制定是国家的大事，是全体人民的大事！

一字一句斟酌，全民讨论。一位见证者曾回忆道，1954年夏天的洪水冲垮了许多道路，多地交通不便，地方上为了能将人民群众关于宪法的讨论意见及时送到北京，用油纸将意见书层层包裹后空运到了中南海，“每拆开一包，都非常激动”。

当《中华人民共和国宪法》以无记名投票的方式全票通过时，在场的代表们欢呼雀跃，掌声和欢呼声经久不息。这一伟大法典迅速传向神州大地，各地的大街小巷都在庆祝，许多新生婴儿在那时被父母取名为“宪法”。

从恢复国民经济到第一次人口普查，再到第一次全国基层普选，第一届全国人民代表大会第一次会议可谓来之不易！这次会议可谓硕果累累！

万事开头难，这一场全国各族人民行使民主权利的人民大会，是源头，是结晶，是开拓。它叩响了民主法治的大门，是党和国家在民主政治建设史上的一次伟大创造！

代表们走进了会场，坐上了最高国家权力机关的席位。他们从车床边来，从田地里来，从矿井来，从海岸的防哨来。放下钳子，放下犁耙，放下镐头，放下笔杆、圆规……同他们所爱戴的党和国家领导人们一起，商量着国家大事。

——《六亿人民心花开》（《人民日报》1954年9月16日）

走向国际政治的舞台

中国代表团出席万隆会议

万隆会议会址

1945年第二次世界大战结束后，长期被殖民、被奴役的亚非国家相继赢得独立。为了加强反帝反殖斗争，维护世界和平、民族独立和国家主权，加强国际合作，发展民族经济与文化，1955年4月18日，由印度、印度尼西亚、缅甸、斯里兰卡、巴基斯坦五国发起，包括中国在内的29个亚非国家和地区的代表齐聚印尼万隆，首次召开了无帝国主义、殖民国家参加的大型国际会议，史称“万隆会议”。在这次会议上，周恩来总理以大国姿态，显大国风范，做了“求同存异”的主题演讲，推动会议取得圆满成功。

黎巴嫩代表团团长称赞周总理“取得比任何其他与会者都要大的成功”。万隆会议产生了深远的影响，它有力推动了被压迫民族争取独立和解放的运动以及亚非人民的团结、友谊、合作。时至今日，由中国倡导的、写入万隆会议宣言的和平共处五项原则，已经被世界上大多数国家所接受，成为处理国际关系的重要准则。

万隆会议前，帝国主义、殖民主义势力用尽伎俩阻挠新中国与会。为此，竟然制造了骇人听闻的克什米尔公主号飞机空难事件。然而，中国代表团凛然无畏，坚持赴会。

万隆会议中，西方势力早有预谋，教唆大批记者制造混乱、喧闹滋事、扰乱会场秩序，还公然歪曲事实，制造关于中国的负面新闻，挑拨诋毁新中国，使会议脱离正轨、陷入僵局。周恩来总理临危不乱，镇定自若，积极应战，稳定大局。

万隆会议后，万隆精神开始大放异彩，中国以开放包容姿态打开了与亚非拉政治、经济、文化领域广泛交往的大门。

它是一盏灯塔，驱散了殖民主义的黑暗，指明了亚非拉团结合作的前进方向。亚非拉遭遇相似，命运与共，利益相连，唇亡齿寒。

它是一股时代的潮流，不同肤色、不同区域、不同民族的代表第一次携手相聚，共谋各国合作与发展，同商民族前途与未来，进而为中国与亚非赢得发展机缘。

它是一部伟大的和平宣言，谴责的是一切殖民掠夺的罪恶行径，倡导的是维护区域和平、安全与发展。

它是一种永恒的精神，蕴含了中国优秀传统文化的精髓，凝聚了中国智慧，贡献了中国方案，使求同存异、和平共处的价值理念深入人心，世代相传。

“团结、友谊、合作”的万隆精神，如同一粒有着强大生命力的种子，撒入危机四伏的丛林当中，掀开了改变世界历史的崭新篇章。

——《让万隆精神绽放新的光彩》（《人民日报》2015年4月22日）

重心转移

中国共产党第八次全国代表大会胜利召开

中国共产党第八次全国代表大会会场

1956年苏共二十大后，国际上相继发生了波兰事件和匈牙利事件，帝国主义乘机发动反苏反共反社会主义活动。在国内，“一五”计划许多重要指标已提前完成，三大改造基本完成，社会主义制度在中国建立起来。

1956年9月15日至27日，中国共产党第八次全国代表大会在北京召开。会议正确分析了国内形势和主要矛盾的变化，提出了党在今后工作的根本任务，指出当前国内的主要矛盾，已经是人民对于建立先进的工业国的要求同落后的农业国的现实之间的矛盾，已经是人民对于经济文化迅速发展的需要同当前经济文化不能满足人民需要的状况之间的矛盾，要求工作重心转移到社会主义建设上来。

党的八大的召开，实现了从“照搬苏联”向“以苏为鉴”的转变，实现了工作重心从革命向建设的战略转移，突破了苏联模式，为国际社会主义运动提供了新的方案和借鉴。

从中共七大到八大，11年的时间，我们彻底完成了新民主主义革命，又完成了社会主义革命。我们一直在努力，前进的步伐没有停歇。和着时代的脉搏，每一个脚印都透露着坚定。

中共七大从思想、政治、组织上为争取抗日战争的最后胜利和新民主主义革命在全国的胜利指明了方向，而中共八大则从思想、政治、组织上为社会主义建设事业指明了方向。

这次会议科学判断了国内外形势和国内主要矛盾，指出大规模疾风暴雨似的阶级斗争已经成为过去，主要矛盾已转变为先进的社会主义制度同落后的生产力之间的矛盾，党和国家的主要任务就是要集中力量发展生产力。

1956年的秋天，在很多人的记忆中，是一个硕果累累的收获季。

就在这个秋天，中国共产党把马克思主义这一普遍原理与中国的具体实践相结合，毛泽东思想得到了新的发展。

就在这个秋天，中国在探索适合中国国情的社会主义建设道路上迈出了新步伐。

就在这个秋天，中国开始进入全面建设社会主义的历史时期。

若干年后，人们这样评价它："中国共产党第八次全国代表大会是中国社会主义建设道路探索的良好开端。"

时间向我们证明，它是一次民主的大会，一次开放包容的大会，一次极具前瞻性和创造性的大会。

它的继往开来如何影响社会发展进程已被事实证明，它的开拓创新如何指导中国建设的实践已被历史铭记。

八大的召开，标志着中国共产党探索中国自己的建设社会主义的道路取得初步的成果。

——胡绳主编《中国共产党的七十年》

独占鳌头

国球引领世界乒坛发展

1961年4月，中国队在第26届世界乒乓球锦标赛上第一次获得斯韦思林杯

19世纪末起源于英国的乒乓球运动，因其简便易行而迅速风靡世界。中华人民共和国成立后，乒乓球运动在中国普及开来。1959年，容国团为中国夺得了首个世界乒乓球锦标赛冠军，从此开始了中国乒乓球运动员在世界乒坛上的领跑之旅。从那时起，中国乒乓球运动健儿们获得了世界级比赛的大部分冠军，甚至多次包揽整个赛事的各项冠军，创造了世乒赛有史以来的奇迹。中国乒乓球队员打出了国威，为祖国争了光，是中国体坛的“梦之队”，乒乓球因此被称为中国国球。

自20世纪60年代以来，中国乒乓球技术水平就处于世界领先地位，为了使其他国家的队员能与中国队一决高下，国际乒联甚至多次修改比赛规则。但是，中国乒乓球队从不故步自封，不断与其他国家的优秀球员相互交流学习，取长补短，使世界乒乓球技术得到了快速发展。

霸气的扣杀，精彩的对拉，上演着一个又一个的乒乓传奇故事。

一面面升起的五星红旗，一遍遍奏响的中华人民共和国国歌，让中国乒乓球在世界的舞台上散发着王者的气息。

一个个乒坛巨星承前启后，一个个奖杯奖牌鲜有旁落，中国乒坛唱响世界的最强音。人人心中都有着一个疑问，中国乒乓球队究竟有着什么绝密的制胜法宝呢？其实制胜法宝就是：

胸怀祖国、放眼世界、为国争光的精神，

发奋图强、自力更生、艰苦奋斗的实干精神，

不屈不挠、勤学苦练、不断钻研、不断创新的精神，

同心同德、团结战斗的集体主义精神，

胜不骄败不馁的革命乐观主义和革命英雄主义精神。

正是这些被人们传颂的中国乒乓精神，激励着中国健儿在世界乒坛上前赴后继、勇往直前。

人生能有几次搏，此时不搏，更待何时！

——容国团

甩掉“贫油”的帽子

大庆油田建设成功

“铁人”王进喜

石油作为当今世界最重要的能源之一，是现代工业发展的基础，被称为“黑色的金子”和“工业血液”。然而，新中国成立前，我国的石油工业基础十分薄弱，一直依赖进口的“洋油”。新中国成立后，我国政府投入大量人力物力进行石油勘探开发。1959年9月26日，我国东北松嫩平原上一座名为“松基三井”的油井里首次喷出工业性油流，宣告了一个世界级特大型砂岩油田的诞生。当时正值新中国成立十周年大庆之际，该油田就被命名为“大庆油田”，从此大庆油田叫响全国！

大庆油田被发现后，一场改变我国石油工业落后面貌的大会战拉开了帷幕。以“铁人”王进喜为代表的石油工人们以高昂的斗志投入到油田大会战中，仅用三年时间就拿下大油田，使我国一举摘掉了“贫油国”的帽子，结束了我国依赖“洋油”的历史，为保障国家战略资源供应，建立独立自主的石油工业体系做出了重大贡献。

在我国东北茫茫原野上，有一颗璀璨的明珠——大庆油田，这是新中国的石油工人们用“人拉肩扛”创造的世间奇迹。

遥想当年，凛凛寒风，冰天雪地，工人们怀着为国家争光、为民族争气的远大胸怀，住牛棚、睡板房，以草为铺，和衣而眠，每天吃着五两粮，饿了就以野菜充饥，却高喊“北上闹会战，艰苦算个啥”。

“有条件要上，没有条件创造条件也要上。”

“石油工人一声吼，地球也要抖三抖！”

“宁肯少活二十年，拼命也要拿下大油田！”

意志如钢，豪气冲天，一千多个日日夜夜，数万覆地翻天人，硬是用双手和肩膀打造出“铁人”传奇，培育出“爱国、创业、求实、奉献”的大庆精神，终于“把我国石油落后的帽子扔太平洋去”！

一部艰苦创业史，是“铁人”英雄们——“石油战线上永不卷刃的尖刀”，为祖国石油工业发展劈波斩浪，开拓进取，绘就了共和国“工业血脉”的万里画卷，书写了中华民族自力更生、艰苦创业的不朽篇章。

这困难那困难，国家缺油是最大的困难；这矛盾那矛盾，国家没油是最大的矛盾。

干工作要经得起子孙万代检查，要为油田负责一辈子。

——王进喜

自衣使者“漂洋过海”

中国始派援非医疗队

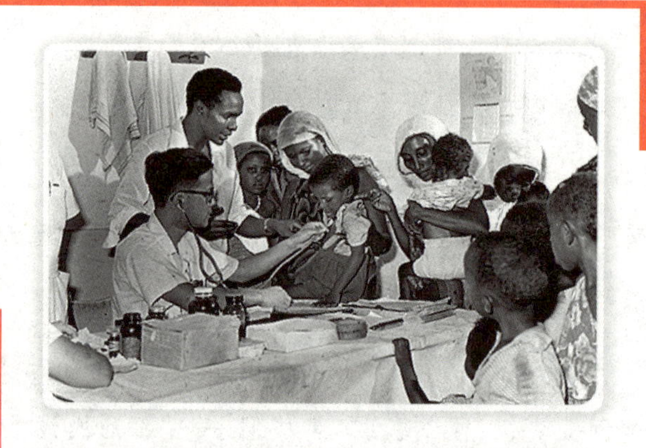

1968年3月，中国医疗队在索马里为儿童看病

1962年，阿尔及利亚摆脱法国殖民统治赢得独立，外籍医务人员几乎全部撤走，阿政府只好向世界呼吁帮助。虽然当时我国经历了三年严重困难，但为了支援阿政府，中国政府于1963年1月第一个向世界宣布派医疗队赴阿。同年4月，从各地抽调优秀骨干医生组成医疗队前往阿开展援助，开创了中国援外医疗队的历史。此后，中国政府不间断地无偿地向非洲派出医疗队，至今在非洲的四十多个国家和地区都有中国医疗队的身影。

中国医疗队以高尚的医德和精湛的医术赢得了受援国的高度赞誉，有成百上千名队员还获得了所在国元首授予的多项荣誉。坦桑尼亚前总统尼雷尔也高度评价中国医疗队：“我信任中国医生，他们不但医术高，而且责任心强。”

第一支援非医疗队在两年半的时间内，共诊治37万多人次，做了3000多例手术，接生1000多名婴儿，从未发生过一次医疗事故。当地很多人把这些由中国医生接生的婴儿取名为“喜努华”，直译成中文的意思便是“中国人”。

“中国医疗队迟早要走的，我们要培训当地医务人员，给当地人民留下一支永远不走的医疗队。”1965年周恩来总理访非时说。因此，中国医疗队在救死扶伤的同时，也培训当地医务人员。

2014年，魔鬼般的埃博拉病毒席卷了西非大部分国家，在很多人避而远之的危急情况下，中国援非医疗队选择了坚守，并相继派出后援医疗队，奔赴疫区一线。这一次，支持并参与疫情抗战的中国医务人员近600名，中国还提供了约7.5亿元人民币的紧急援助。

他们忍受着与亲人相隔之苦，远离年老的父母、年幼的孩子甚至是身怀六甲的妻子，只身奋战，与非洲人民风雨同舟。2015年，抗击埃博拉病毒的中国援非医疗队获评“感动中国2014年度人物”。他们感动了中国，亦感动了世界。

半个多世纪的坚持，当非洲人民用母语兴奋地喊着“中国、中国”，甚至用中文说着“你好”时，这些妙手仁心的中国白衣使者们使得中非友谊愈加深厚。

“予人玫瑰，手留余香。”中国从世界的发展中汲取进步的动力，也乐于在他国遭遇困难之时回馈温暖、贡献力量。在人类共同抗击灾难的斗争中，中国贡献受到世界瞩目。全球化的疫情，需要全世界的共同应对，阻击埃博拉，中国在行动。

——《阻击埃博拉的中国力量》（《光明日报》2014年8月10日）

推开中西方交流大门

中法建交

新中国首任驻法大使黄镇向法国总统戴高乐递交国书后的合影

20世纪60年代，世界政坛风云变幻。中国和法国都奉行独立自主的外交政策，反对霸权主义。为了加强两国的经济、文化交流，反对美苏争霸，维护世界和平，中法经过多次商谈，最终促成正式建交。1964年1月27日，中法两国政府发表联合公报，决定建立外交关系并在3个月内互派大使。

中法建交犹如同年10月中国成功试爆的原子弹，震惊西方，轰动世界。中法建交开启了中国与西方大国建立外交关系的大门，冲破了冷战背景下美苏霸权主义、强权政治的枷锁，既宣告了西方国家孤立、对抗新中国阴谋的破产，又标志着新中国与西方国家改善关系的重大突破，也为西方进一步了解新中国打开了友谊之门。

法国总统戴高乐特立独行，试图挣脱美国霸权主义的铁锁，公然与美国分庭抗礼；同时，中国也反对苏联的大国沙文主义，中苏关系走向破裂。中法两国建交有利于维护亚洲、欧洲乃至世界和平。

志合者，不以山海为远。中法两国代表冲破重重阻力和种种困难，积极商谈两国关系问题。过程虽非一帆风顺，但中国政府在坚持“一个中国”原则的同时，采取灵活态度，使两国合抱成团。

是敌是友，历史和实践能够分辨；要和平发展还是冷战强权，全世界爱好和平的人民能够决断。中法两国人民把握了自己的命运。

吃水不忘挖井人。中法建交，被西方主流媒体喻为“外交核爆炸”，轰动国际社会。蓦然回首，伟人依然屹立于历史的潮头。冷战、威胁、偏见都不足以动摇两国领导人追求世界和平的意志，锐利的战略目光早已穿透历史的迷雾，指向共同的未来。

中法建交开启了新的篇章，两国人民心与心之间的距离不再遥远，相知、相识、交往、沟通的大门一步步打开，共同迎接东西方文明交流互鉴的美好明天。

到中国去，对我来说，这是一个梦！我很想到那里去。

说不定在下个世纪，中国就将成为世界上最强大的国家，如同它在过去多少世纪里曾经是世界上最强大的国家一样。

——戴高乐

利剑出鞘
中国自行研制的导弹试射成功

东风一号

1956年初，党中央发出了“向科学进军”的伟大号召。同年，从美国历尽艰险回国不久的火箭专家钱学森向党中央、国务院提出了《建立我国国防航空工业的意见书》。很快，钱学森受命组建新中国第一个研制火箭、导弹的国防部第五研究院。

1960年11月，第一颗导弹“东风一号”发射成功。1964年6月，“东风二号”试射成功，真正开启了中国自行研制导弹的征程。1964年10月16日，我国第一颗原子弹爆炸成功。1966年10月，装有核弹头的“东风二号”导弹发射成功，两弹的完美结合使我国真正具备了核威慑的能力。从20世纪70年代到80年代，中远程、洲际战略导弹相继问世。钱学森曾自信地说：“中国人完全有能力，自力更生制造出自己的火箭。”从东风系列到巨浪系列，从仿制到自行设计，从模仿到创新，中国导弹、火箭的研制奠定了新中国、新时期以及新时代国防安全和航天事业的基石。

中国导弹事业的发展是中国国防建设的缩影，它不仅影响了国际战略格局的演变，而且增强了中国的国际地位，提升了大国影响力，为世界持久和平做出了突出贡献。

从液体燃料到固体燃料，从常规导弹到核导弹，从单级到多级，从近程到中远程、再到洲际导弹，从弹道导弹到巡航导弹，从单一弹头到多弹头，从地地导弹、地空导弹到空空导弹、潜射导弹，中国人一步一个脚印，从无到有，由近及远，风雨兼程，走出了一条自力更生、艰苦奋斗、不畏困难、勇于攀登的自强之路。

这是一首恢宏巨制的史诗，这是一部现实版的大片——

从茫茫戈壁滩，到深山峡谷和荒野密林，生存环境极其恶劣，工作条件十分简陋，不论是元帅还是士兵，也不论是专家还是普通工作人员，他们都坚守阵地，为新中国的国防事业立下了不朽的功勋。

从默默无闻埋头工作，到一声声惊天动地的响声，撼动世界的不仅仅是试射成功的导弹，更是成百上千次的失败、挫折背后的坚持和拼搏。

中国的强大，有坚实的国防力量作为后盾。

国人的自信，有不屈的民族精神作为支撑。

我们不能人云亦云，这不是科学精神，科学精神最重要的就是创新。

——钱学森

摘取数学皇冠上的明珠

陈景润证明“1+2”

陈景润在工作

1742年，德国的一位中学教师哥德巴赫在给当时大数学家欧拉的信中提出，任何一个大于或等于6的偶数，都可以表示成两个奇质数之和；任何一个大于或等于9的奇数，都可以表示成三个奇质数之和。欧拉回信说，这个命题看起来是正确的，但是他也没能给出证明。这就是有名的哥德巴赫猜想，通常表述为：任何一个大于2的偶数都可以表示成两个质数之和，简称“1+1”。

直到20世纪20年代以后，国外的数学家先后证明了“9+9”“7+7”“6+6”“5+5”“4+4”。后来，中国的数学家王元证明了“3+4”“2+3”。20世纪60年代初，中国的数学家潘承洞和王元又证明了“1+5”“1+4”。1965年，国外的数学家抢先证明了“1+3”。

1966年，陈景润终于证明了“1+2”，被国际数学界称为陈氏定理，成为攻克哥德巴赫猜想道路上的里程碑。

徐迟的一篇报告文学《哥德巴赫猜想》，让一位数学家一夜之间成了家喻户晓的人物。他就是陈景润。

小时候陈景润听老师讲了一个关于哥德巴赫猜想的故事，从此便一发不可收拾，开启了与数字为舞的人生。

这是一条艰难崎岖之路，陈景润选择了，并无悔地走了下去。

六平方米的小屋就足以让他思想驰骋，咸菜和馒头就足以支撑他瘦小的身躯，即使疾病缠身，他也没有停止演算和推理。

在小屋、图书馆、食堂这三点构成的简单生活圈里，他演绎着不简单的数学传奇。

日复一日，年复一年，他演算过的草纸不是一沓沓，而是一袋袋。

有人说他言辞木讷，不善交流，但他却拥有懂他一辈子的良师益友：华罗庚、闵嗣鹤、潘承洞、潘承彪……

有人说他邋邋遢遢，不修边幅，但他却遇见了一生挚爱——由昆。

有人说他痴痴傻傻，不谙世事，但他用自己的单纯善良向世人展现了爱国情怀。

就是这样一位踏踏实实研究、老老实实做人、简简单单生活的中国人，奋力破解数学难题，摘取了数学皇冠上的那颗璀璨明珠。

攀登科学高峰，就像登山运动员攀登珠穆朗玛峰一样，要克服无数艰难险阻，懦夫和懒汉是不可能享受到胜利的喜悦和幸福的。

——陈景润

《东方红》响彻太空

中国第一颗人造地球卫星发射成功

1957年10月，苏联成功发射了世界上第一颗人造地球卫星，美国也于1958年1月成功发射了第一颗人造卫星。不久，毛泽东主席就发出了“我们也要搞人造卫星”的号召。1965年1月8日，钱学森建议我国加快研制人造地球卫星的步伐。之后，钱骥向周恩来总理汇报了中国第一颗人造卫星的方案设想。

1965年9月，中国科学院组建由赵九章任院长的卫星设计院，开始紧锣密鼓地研制“东方红一号”人造地球卫星。1970年4月24日晚9时，“东方红一号”人造地球卫星由“长征一号”运载火箭从酒泉卫星发射中心送入预定的运行轨道。随后，《东方红》的乐曲回响在茫茫太空，标志着中国第一颗人造卫星发射成功！

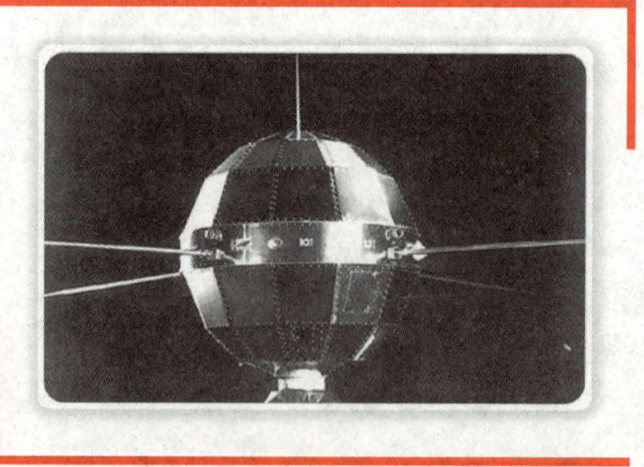

我国第一颗人造卫星

“东方红一号”人造卫星的发射成功，标志着中国在世界上成为继苏联、美国、法国和日本之后第五个能独立研制和发射人造卫星的国家。从此，中国正式加入了“太空俱乐部”，拉开了中国人探索宇宙奥秘、和平利用太空的序幕。

20世纪五六十年代，中国的经济实力不强，科技水平不高，工业基础仍很薄弱，但这都没有阻挡中国人向太空进军的步伐。中国人也要搞人造卫星！这不是一次简单的心血来潮，而是向世人表明新中国的姿态：我们不甘落后！

于是，一场科技之战的号角吹响。

然而，面对世界大国对我国的技术封锁，再加上当时的严重困难，卫星研制工作在异常艰难和曲折中进行。

这是一场绝对精密细微的战斗，每一次的计算、组装、调试都决定着最后的成败。

这是一场需要精诚团结的战斗，每个人的付出、努力、智慧都是最后成功的砝码。

这是一场不怕困难牺牲的战斗，每一个通宵、每一次突破都是为了最后的成功。

面对每一次失败，我们都不曾放弃，而是吸取教训，越挫越勇。

终于，在那个平常又不凡的夜晚，橘黄色的火焰驱散了夜的黑暗，轰隆的巨响打破了夜的沉寂，中国第一颗人造卫星发射成功了！

从此，浩瀚的宇宙中响起了中国的声音——《东方红》乐曲。

璀璨的群星中出现了属于中国的光芒——“东方红一号”卫星。

中国向世界展现了自己的雄心壮志，并开启了探索宇宙的新篇章！

中国把它的第一个人造卫星射入轨道的这个大成就，使西方观察家们惊讶得目瞪口呆。

——法新社香港1970年4月25日电

中非友谊的纽带

坦赞铁路建成通车

乘客走出坦赞铁路达累斯萨拉姆车站

坦桑尼亚和赞比亚于20世纪60年代获得独立后，为了使民族经济尽快独立与发展，便寻求西方大国的帮助修建新的运输线，但均遭拒绝。坦桑尼亚总统和赞比亚总统在访华时，向中国寻求援助建设坦赞铁路。中国领导人审时度势，欣然同意援建。1967年9月，中坦赞三国政府在北京正式签订了关于修建坦赞铁路的协定。坦赞铁路于1970年10月正式开工，1975年全面建成并试运营，次年移交坦赞两国政府。坦赞铁路全长1860.5公里，被非洲人民称赞为“友谊之路”。

早在1956年，中国政府就开始了对非援助之路。几十年来，中国在铁路、港口、会议中心、体育馆等援建方面以及卫生、教育、培训等援助方面为非洲的独立、建设与发展做出了巨大贡献，受到世界各国人民的高度赞扬。与中国有着多年合作的盖茨基金会主席比尔·盖茨曾说：“构建人类命运共同体，中国对非援助就是最好的例证。”

8年的时间，近10亿元人民币的无息贷款，100多万吨建设物资，在20世纪六七十年代，经济困难的新中国依然为非洲国家慷慨解囊，为援建坦赞铁路付出了巨大的人力、物力、财力。

5万多名中华儿女与坦桑尼亚、赞比亚的兄弟们并肩筑路，在茫茫的非洲草原，在茂密的原始森林，在危险的沼泽地，日复一日地勘探、施工……

他们还要时刻提防野兽毒蛇的袭击，以及危险分子的威胁，经常遇到恶劣天气、地质灾害的考验，但他们依然风雨无阻、披荆斩棘、坚持不懈、精益求精。

64个生命永远长眠于这片远离故土的铁路旁。

他们怀着发扬国际主义精神的博大胸怀，用自己的汗水、鲜血乃至生命铸就了这座中非友谊的丰碑!

五十余年已过，“坦赞铁路丰碑”仍在，“坦赞铁路精神”仍存。在“一带一路”倡议下，中非合作又有了新的内涵。

“新时期的坦赞铁路”——亚吉铁路已经通车，这是由中国企业采用全套中国标准和中国装备建造的非洲首条现代电气化铁路，是友谊之路，更是合作共赢之路、繁荣发展之路。

重温坦赞铁路的点滴，展望中非关系的美好未来，新的契机正在产生。

实际上，这就是信念的力量。我们到坦、赞两国工作，想的就是为中国争光。想到国家对我们的信任，就感到光荣，想到责任就浑身是劲。不然的话，那么苦、那么累，甚至有些人把生命留在那里，能想得通吗?

——坦赞铁路参与者、中国工程院院士孙永福

低调中的高调
新中国亮相联合国

中国代表团在联大会议上

1971年10月25日，第二十六届联合国大会以76票赞成、35票反对、17票弃权的压倒多数通过了2758号决议，决定恢复中华人民共和国在联合国的一切合法权利，承认中华人民共和国政府的代表为中国在联合国组织的唯一合法代表，以及中华人民共和国是安全理事会五个常任理事国之一，并立即把蒋介石的代表从联合国组织及其所属一切机构中所非法占据的席位上驱逐出去。

早在联合国成立时，中国共产党派出的代表董必武就在联合国宪章上签了字。中华人民共和国成立后，理应由她占有中国在联合国的合法席位，却在美国的操纵下被非法剥夺。从那时起，新中国就开始了恢复联合国合法席位的斗争。随着中国影响力的迅速提升，以及大批亚非国家和苏东社会主义国家的大力支持，新中国迎来了登上联合国舞台的契机。

新中国在联合国合法席位的恢复，宣告美国孤立中国政策的破产。这不仅是中国外交的重大突破，而且也极大增强了第三世界在联合国的力量，使联合国及安理会在维护世界和平、促进人类进步事业上发挥更大的作用。

低调并非毫无把握和实力不济，新中国正在积蓄力量，等待时机。

从1950年至1960年，美国不断设置重重障碍，接二连三地否决、阻挠中国恢复在联合国的合法权利。

之后的十年间，中国政府继续进行不屈不挠的斗争；同时，与西方部分国家建立友好关系，支援亚非拉民族解放运动，赢得广大第三世界国家的支持和拥护，终于取得了恢复联大席位的胜利。

当计票牌显示出表决结果后，会场响起了雷鸣般的掌声，亚洲国家的朋友放声高歌，非洲国家的朋友即兴舞蹈。

而随后参会的中国代表则开怀大笑，这样的高调并非炫耀，因为那是我们得道多助、秉持正义的姿态，那放声的大笑源于内心的自信和祖国的强大，也见证了中国扬眉吐气走向世界政治舞台的自豪。

掌声，不仅属于中国，也属于广大的第三世界国家。

胜利，不仅是中国人民的，也是所有热爱和平、秉持正义的国家和人民的。

中国为第三世界代言，西方一味垄断国际话语权的时代一去不复返。

大国正崛起，走向国际舞台中央，肩负着历史使命，怀揣着复兴梦想。

如果一个超过10亿人口的国家在联合国没有代表，那讨论联合国的普适性就成了一个笑话。中国的加入，对中国和联合国双方都具有重要意义。同时也是正义的体现。在此之后，国际上的孤立主义政策、中国和联合国自身都发生了巨大变化。

——坦桑尼亚外交家萨利姆

跨越太平洋的握手

中美建交

随着新中国在国际事务中的影响越来越大，美国对中国苦心经营的孤立政策趋于失败。1971年基辛格秘密访华，为尼克松总统访华探道铺路。经过双方协商，1972年2月21日，尼克松访华，实现了中美关系的破冰之旅。两国领导人用跨越太平洋的握手打开了世界政治形势的新局面。1972年2月28日，中美在上海签署了《中美联合公报》。1978年12月，中美两国发表建交公报，美国承认中华人民共和国政府是中国唯一合法政府，台湾是中国的一部分，接受了与台湾当局“断交”“撤军”和“废约”三原则。1979年1月1日，《中美建交公报》生效，中美正式建立外交关系。

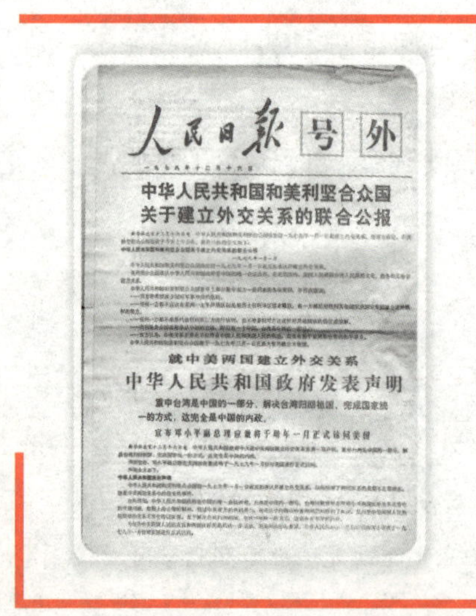

人民日报 号外

中华人民共和国和美利坚合众国关于建立外交关系的联合公报

就中美两国建立外交关系

中华人民共和国政府发表声明

重申台湾是中国的一部分，解决台湾归回祖国、完成国家统一的方式，这完全是中国的内政。

《人民日报》发行号外刊登中美建交消息

中美建交是中国与西方关系取得历史突破的标志性事件。它结束了中美两国之间长达三十年的敌对状态，提升了中国的国际地位，改变了长期以来美苏争霸下的不合理的世界格局，促进了亚太地区和世界的和平与稳定。

孤立，是美国常用的策略；封锁，是美国一贯的行为。

在对新中国二十余载的孤立和封锁中，美国渐渐意识到，其所用的手段都无济于事，改善中美关系才是人间正道。

美国官员开始将中国的首都称为“北京”，而不再用“北平”称呼。

美国有识之士也要求与新中国接触，不希望把中国永远排斥在国际大家庭之外。

刚刚上任的美国总统尼克松频频向中国递出橄榄枝。

毛泽东主席早已洞察到国际风云的变化，也向美国放出和平鸽，他在国庆时邀请老朋友斯诺登上天安门城楼观礼，又邀请美国乒乓球队来华切磋球技。

智慧，向来都是国与国安身立命的锁钥。小球转动大球，体育带动外交，演绎了中美外交史上的传奇！

大洋，阻断不了中美彼此的诚意。当尼克松走下飞机舷梯，把手伸向周恩来时，周总理意味深长地说：“你的手伸过了世界上最辽阔的海洋与我握手！”

握手，是友善，也是信任；是合作，也象征希望。这跨越太平洋的握手开启了中美关系的新篇章。

临别前，尼克松兴奋地说：“这是改变世界的一周。”

如果没有中华人民共和国和她的7.5亿人民参加，就不可能有稳定和持久的和平。

——尼克松

一衣带水

中日邦交新开局

人民日报

毛主席语录

我们坚决主张，一切国家实行互相尊重主权和领土完整、互不侵犯、互不干涉内政、平等互利、和平共处这样大家知道的五项原则。

中华人民共和国政府 日本国政府 联合声明

《人民日报》关于中日建交的报道

近代以来，日本发动了多次大规模的侵华战争，使中国主权沦丧、国破家亡，人民遭受了巨大的灾难。中华人民共和国成立后，日本政府追随美国，采取了敌视和围堵新中国的政策。然而，随着中日民间交往的不断发展和中美关系的正常化，以及采取敌视新中国政策的日本内阁的下台，两国邦交实现正常化的条件逐步成熟。

1972年9月25日，日本首相田中角荣应周恩来总理的邀请访华。27日，毛泽东主席会见了田中角荣，并互赠礼物。29日，中日双方发表中日联合声明，正式建立外交关系。联合声明宣布：日本方面痛感日本过去由于战争给中国人民造成重大损害的责任，表示深刻的反省。中国政府为了中日两国人民的友好，放弃对日本的战争赔偿要求。日本政府承认中华人民共和国政府是中国的唯一合法政府。两国决定在和平共处五项原则的基础上，建立持久的和平友好关系。

中日建交实现了中日邦交正常化，揭开了两国关系史上的新篇章。

两千载友谊的吟唱，中日一衣带水，互为邻邦，依稀记得盛唐时你漂洋过海的模样，文字、建筑、茶道、和服等都印刻着中日之间的文化渊源和历史联系。

近代数十载对抗的嘶吼，日本披上军国主义的衣装，推行“大陆政策”，对外侵略扩张，那狰狞的獠牙撕裂了曾经友善的脸庞。“和则两利，斗则两伤”，乃是中日两千年交往史得出的经验教训。

终于，战争的阴云散去，两国人民交往的友谊之船已经起航。民间先行，以民促官，友好合作、和平相处的呼声不绝于耳，中日邦交正常化是符合两国人民根本利益的唯一正确选择。

时至今日，中日之间，仍有隔阂。近年来日本右翼军国势力膨胀，不断渲染中国“威胁论”，并加强地缘军事实力，不断做出严重伤害中国人民感情的事，一再制造不和谐的音符。

“前事不忘，后事之师。”中日双方应该本着以史为鉴、面向未来的精神，共促和平发展，共筑友谊之桥，共同书写中日睦邻友好合作关系发展的新篇章。

今年（2018年）恰逢中日和平友好条约签署40周年，同时也是中国走上改革开放道路40周年的节点。中日以经济为纽带，联系日益深化，正在迎来进入合作时代的好时机。

——日本《日本经济新闻》

稻香飘天下

杂交水稻育种成功

中华人民共和国成立初期，我国经济还很落后，人们的温饱问题难以解决。20世纪60年代在湖南省安江农业学校担任教员的袁隆平立志要研究杂交水稻，让人们都有饭吃。这可不是一件容易的事情，因为水稻是自花授粉的植物，杂交难度大，但袁隆平指出，可以利用雄性不育株来克服这一困难。

1970年11月，袁隆平的助手李必湖在海南三亚南红农场技术员冯克珊的帮助下，发现了一株天然的雄性败育野生稻。这株被袁隆平命名为“野败”的野生稻，为中国的杂交水稻事业打开了突破口。随后，袁隆平向多个省的杂交水稻科研协作组成员传授杂交水稻理论和技术，并将“野败”材料分享给全国各地的研究者做实验。之后，颜龙安、袁隆平分别领导的协作组育成了不育系和保持系。张先程等人找到了一个强恢复系。至此，中国籼型杂交水稻的“三系”配套获得成功。此后，在全国各地科研协作组的努力下，一个一个的杂交稻新品种不断诞生，并被大规模地推广种植，极大地提高了中国的粮食产量。

袁隆平在观察杂交稻

杂交水稻的成功震惊了西方，被誉为“东方魔稻”，国际上甚至把杂交稻当作中国继四大发明之后的“第五大发明”。

“21世纪谁来养活中国人?”美国人曾发出这样的疑问!

“高科技养活中国人!”

“我们中国人自己养活中国人!”

中国杂交水稻研究领域的带头人袁隆平和他的同行们理直气壮地回答。

当他还是一介布衣的时候，已经拥有颠覆世界权威的胆识。

在那个艰苦奋斗的年代，他几十年如一日扎根于基层，守望在稻田，不惜倾注毕生智慧和汗水。

他携带稻种转战南北，南繁北育，风餐露宿，只为完成粮满天下的夙愿。

对他来说，阡陌良田即广厦万间，田间地头亦是豪宅别墅。在这样的“豪宅”里，“超级稻”“海水稻”之梦萌生发芽、悄然绽放!

在浩瀚的宇宙中，你会发现一颗以他的名字命名的小行星——“袁隆平星”。

他说他一生有两个梦，一个梦叫“国家增粮梦”，另一个梦叫“杂交稻覆盖全球梦”。

现在全世界有稻田1.6亿公顷，如果全球有一半稻田种上了杂交稻，可以增产1.6亿吨稻谷，可以多养活5亿人口。

杂交水稻不仅能为世界粮食安全做出贡献，还可以提高中国的国际地位，交更多的好朋友。

我们把袁隆平先生称为“杂交水稻之父”，因为他的成就不仅是中国的骄傲，也是世界的骄傲，他的成就给人类带来了福音。

——国际水稻研究所所长斯瓦米纳森

了不起的中华武术

“中国功夫”进入好莱坞

国外小朋友在学习中国武术

20世纪六七十年代，李小龙克服重重困难将中国功夫带到了好莱坞，功夫电影由此问世。他凌厉绝伦的截拳道改变了一些西方人观念中中国人的“东亚病夫”形象，为好莱坞电影展现了正面的中国人物形象，创造性地推动了世界武术和功夫电影的发展。后来，成龙、李连杰等功夫影星也成功进入好莱坞，大受观众欢迎。

随着功夫电影的热播，中国功夫在世界上产生了轰动效应，学习中国武术的人越来越多，甚至出现了中国功夫热。巧用中国功夫元素的好莱坞电影也受到观众喜爱，如《黑客帝国》《花木兰》《功夫熊猫》等。中国功夫进入好莱坞不仅体现了中国传统文化影响力的提升，强化了海外华人对中华文化的认同，也是好莱坞电影打开全球市场的需要，促进了东西方文化的交流。

如果你遇到一名外国友人，他很可能会问你：你会中国功夫吗？而当你问他喜欢中国的什么时，他可能会毫不犹豫地回答：中国功夫。

这是经常发生的场景。因为中国武术健儿的努力，中国功夫名声大噪，在外国人的眼里，中国人都成了武艺精湛的英雄。

如今，在一些国家和地区，中国武术馆遍地开花，太极拳、少林、武当等中华武术广为传播，国际武术交流赛事也经常举行，菲律宾甚至将武术列入中小学运动会的竞技项目。

谁又能想到多年以前，中国功夫在走向世界的过程中所遭遇的重重阻碍与排斥……如今，武师们心中的热血和梦想依旧不变。

李小龙用他的才华、毅力与决心在两年的时间内给观众带来了无法超越的经典。当时的拍摄条件极其艰苦，体力和精神严重透支的李小龙却依然坚持练功。

从不用替身的成龙在拍戏时被人打晕过，颊骨脱过臼，鼻子断过，但他依然坚持亲自上阵，几分钟的武打戏会拍几个月，直到满意为止……

习武的他们，梦想在好莱坞占据一席之地；弘扬中国功夫的他们，身上的伤痕有多少我们不知道，我们知道的只是他们拍了一部又一部经典，他们一次又一次打破了票房纪录。辉煌的背后往往是苦难的打磨。

当翻开一本英文词典，我们看到“Kung fu”这样一个音译词的时候，心中除了自豪，更是满满的感动。

“傲气面对万重浪，热血像那红日光，胆似铁打骨如精钢，胸襟百千丈，眼光万里长……”功夫偶像李小龙和成龙的名字中都有“龙”字，他们用自己的言行证明了自己是龙的传人，用自己的人生面向世界书写了中华男儿当自强的传奇！

大力发展武术产业是激发武术产业发展活力、弘扬武术传统文化、提高武术国际影响力的重要内容，对建设健康中国、提升国家文化软实力、增强国际话语权具有重要作用。

——《武术产业发展规划（2019–2025年）》

伟大转折

中共十一届三中全会召开

人民日报

RENMIN RIBAO

首都一万五千多名老干部联欢

《邓小平文选》出版

《邓小平文选》目录

解放思想，实事求是，团结一致向前看

（一九七八年十二月十三日）

邓小平

《人民日报》刊发的《解放思想，实事求是，团结一致向前看》一文

1976年10月，“四人帮”被粉碎，十年动乱结束。自1978年5月始，针对“两个凡是”，一场真理标准问题大讨论在全国展开，引发强烈反响。1978年12月13日，邓小平在中共中央工作会议闭幕会上做了《解放思想，实事求是，团结一致向前看》的重要讲话，为即将召开的中共十一届三中全会打下了坚实的思想基础。

1978年12月18日至12月22日，中国共产党第十一届中央委员会第三次全体会议在北京举行。会议重新确立了实事求是的思想路线，果断地停止使用“以阶级斗争为纲”这个不切实际的口号，做出了把工作重点转移到经济建设上来，实行改革开放的战略决策。

中共十一届三中全会拉开了改革开放的伟大序幕，实现了新中国成立以来党的历史的一次伟大转折，成为中国大踏步迈向世界舞台的新开端。

动乱过后的中国面临着如何让经济发展起来、人民富裕起来的严峻考验，时年74岁的邓小平给出了他的答案——“解放思想，实事求是，团结一致向前看”，看似简单的15个字，却成了改革开放的宣言。

历史宛如人生，关键的抉择往往就是那么几步。

1978年12月18日，瑞雪纷飞的北京格外美丽，前一日还有些寒意。谁能想到短短5天过后，饱含希望的暖流就将涌向神州大地！万物复苏、欣欣向荣的新春提前到来，这一年的冬天在人们的记忆中不再那么寒冷。

时势的推动、伟人的带领、人心的期盼，会议的召开瓜熟蒂落、顺理成章。

这次会议是开辟新时期中国特色社会主义道路的历史起点，中国历史新的转变从这里开始，中华民族新的腾飞从这里开始，中国人民的命运转折从这里开始。这一光辉的标志让我们告别昨天，抓住今天，憧憬明天。

就在这次会议之后，改革开放的春风吹遍祖国各地，新的征程在脚下展开，时代的篇章翻开了崭新的一页，一个个奇迹被书写。

1978年，注定是不平凡的一年。在这个注定不寻常的冬季，站在党和国家何去何从的重大历史十字路口，以邓小平为代表的老一辈无产阶级革命家用非凡的智慧和勇气做出了历史性的伟大抉择，引领中国人民走上了中国特色社会主义的康庄大道！

十一届三中全会的伟大意义和深远影响，已经和正在随着实践的发展越来越充分地显示出来，并将贯穿于建设中国特色社会主义的全部进程。无论在我们党的历史上，在我们国家的历史上，还是在中华民族的历史上，十一届三中全会都是一座伟大的里程碑，邓小平同志和其他老一辈革命家为此做出的历史贡献彪炳千秋，不可磨灭。

——《深入把握党的十一届三中全会的重大历史贡献》（《人民日报》2008年12月23日）

气壮山河的新步伐

创办经济特区

今日深圳

改革开放需要有突破口，继农村实行家庭联产承包责任制取得惊人的奇迹后，中国试图在对外开放上寻找出路。在对港澳考察和借鉴海外经验的基础上，1979年4月召开的中央工作会议，根据邓小平的提议，决定在毗邻港澳的深圳、珠海等地试办出口特区。1980年5月，“出口特区”正式改名为“经济特区”。同年8月，第五届全国人大常委会审议并批准在深圳、珠海、厦门、汕头分别划出一定区域，设置经济特区。经济特区的成立，打开了中国走向世界的开放之门。

《纽约时报》震惊了，“铁幕拉开了，中国大变革的指针正轰然鸣响”。整个世界都震惊了，经济特区的设立使中国经济迅速腾飞，也为世界经济的发展注入了活力。

“深圳只有三件‘宝’：苍蝇、蚊子、沙井蚝。十室九空人离去，村里只剩老和小。”这是改革开放前深圳这个荒僻的小渔村的真实写照；40年后，深圳成为人人向往的现代化国际大都市之一。

深圳的发展，几乎称得上是奇迹，一个伟大的中国奇迹，一个开放的中国创造的伟大奇迹。而这奇迹的产生，源自那个转变一代人命运的年代，那个破除一切阻力下定决心进行改革的年代。

“中央没有钱，可以给些政策，你们自己去搞，杀出一条血路来!”小平同志放手一搏，深圳人用尽全力，共同创造了“深圳奇迹”。

深圳人敢想、敢闯、敢拼、敢干，“开拓创新、诚信守法、务实高效、团结奉献”的深圳精神支撑起了深圳速度；“时间就是金钱，效率就是生命”，让全国人民看到美好生活的样子。

深圳成为改革开放道路上的排头兵，经济特区成为改革开放的“试验田”和对外开放的“窗口”。

从深圳、珠海、汕头、厦门开始，到贯穿南北的14个沿海开放城市；从沿海开放城市到沿海经济开放区；从沿海到内陆，由点到线、由线到面，由南到北、由东到西，全方位、多层次、宽领域的对外开放格局渐次推进，中国逐步敞开宽阔的胸怀，以开放的昂扬姿态迈向世界的舞台。

而中国，也由穷到富，由富到强，走进了实现中华民族伟大复兴的新时代。

不少人对中国为什么这么快就变成一个经济巨人而感到好奇，有人认为答案就在4个字：经济特区。

——美国《商业周刊》

告别铅与火，迎来光与电

汉字激光照排系统研制成功

汉字信息处理

计算机—激光汉字编辑排版系统主体工程研制成功

汉字编辑排版系统的工作流程和软件

滚筒式激光照排机的工作原理

第四代排字机

汉字字模信息的存贮

我国第一张用激光照排系统输出的报纸样张

20世纪70年代，个人计算机（PC）诞生并很快得到普及，引起了人们生活方式和工作方式的巨大变化。可是在中国，计算机的普及受到了硬件和软件技术的各种限制，其中一个很大的拦路虎就是汉字的信息处理问题。

为了让中国汉字进入计算机，1974年8月，国家决定组织科研力量研究汉字信息处理问题，即“748”工程，其中就包括汉字精密照排子项目。1975年，北京大学教师王选发明了“轮廓加参数”的字形信息高倍率压缩技术和高速复原技术，取得了汉字信息处理技术的重大突破。1979年7月，经过不断改进的汉字激光照排系统输出了第一张报纸样张。此后，“华光”汉字激光照排系统、北大方正电子出版系统相继问世。传统的出版印刷业由此告别了“铅与火”，迎来了“光与电”，发生了革命性的变化。当时有人曾将汉字激光照排技术与杂交水稻、人工合成牛胰岛素、复方蒿甲醚称为中国影响世界的新“四大发明”。从此，中国汉字进入了计算机，进入了互联网。

我们的祖先创造了汉字,让中华文明得以承载。

毕昇发明了活字印刷术，让中华文明传播得更广更快。

在古代，中国人处理文字的技术一直领先世界。

可是，到了近代，西方人借助科技的力量追上了我们。

进入信息时代，只有几十个字母的拼音文字又先声夺人，跑在了信息处理的前面。

而汉字有几万个，并且结构复杂，甚至有人断言：如果中国不放弃汉字，将无法进入信息时代。

以王选为代表的中国科研人员向世界证明，汉字在信息时代不会缺席，在数字化的浪潮中，汉字印刷也能开拓出一片新天地。

汉字激光照排技术使印刷出版业实现了华丽转身，创造了汉字印刷领域的一个神话。

计算机—激光汉字编辑排版系统的研制成功是我国印刷技术发展史上的一件大事，为印刷出版工业增添了一项自动照排的新手段，为提高印刷出版行业的社会经济效益做出重大贡献。

——《排版可不再使用铅字》(《人民日报》1985年5月10日)

“零”的突破
许海峰赢得首枚奥运金牌

时任国际奥委会主席萨马兰奇为许海峰颁发第23届奥运会首金

这是载入史册的一天！1984年7月29日，在大洋彼岸的美国洛杉矶奥运会射击场，中国射击运动员许海峰夺得了第23届奥运会首金，也为中国赢得了第一枚奥运金牌，实现了我国奥运史上金牌“零”的突破。与此同时，我国射击运动员王义夫也夺得铜牌。受奥运金牌“零”的突破的激励，中国奥运军团愈战愈勇，最终在本届奥运会斩获15枚金牌，跃居奥运金牌榜第四名，实现了历史性飞跃。

从1932年我国短跑运动员刘长春首次参加第10届洛杉矶奥运会，到2008年第29届北京奥运会成功举办；从一个屡遭淘汰、位列末次的尴尬位置，到射落首金、跃进四强的骄傲荣光；从“东亚病夫”的民族耻辱到“体育大国”的艰难崛起——奥运金牌浓缩的不仅是中华儿女对奥林匹克运动的渴求与希冀，更是中华儿女对民族复兴梦的不懈追求！

晴空朗朗，彩旗飘飘。

这里是被紧张气氛笼罩的奥运会男子自选手枪50米60发慢射决赛的普拉多射击场。

各国的神枪手“一”字摆开阵势，强手如林，互不相让。

伴随着一阵阵清脆的枪声，比分交叠着攀升。

565环、564环，瑞典老将斯卡纳克尔、中国优秀选手王义夫打完最后一枪分别位列第一第二，久经沙场的斯卡纳克尔踌躇满志，似乎胜券在握。

没想到，半路杀出一匹黑马……

两年前还在供销社卖化肥的他，现在，怀揣着祖国人民的殷殷重托，耳边回响着那位华侨制枪人的话：要用中国同胞制造的手枪，开创中国人摘取奥林匹克桂冠的历史。

面对强手，他毫不示弱。

只见他稳稳地把枪举过头顶，又慢慢直臂下落，瞄准靶心上最小的圆圈，扣动扳机……

所有人屏息以待，期待奇迹的发生。

他最终以一环优势击败了斯卡纳克尔，夺得了首枚奥运金牌；他用洛杉矶奥运赛场上的枪声，打碎了中国奥运会金牌“零”的标记。

他就是改变中国奥运历史的年轻选手——许海峰。

他创造了历史，创造了奇迹。

甚至连组委会也没预料到，能有两名中国运动员同时夺得奖牌！他们只好派出直升机，紧急调运来第二面五星红旗。

当奥运赛场上第一次伴随着《义勇军进行曲》升起五星红旗时，中国人迈向世界体育强国的步伐就再也挡不住了！

这是中国体育史上伟大的一天，我为我能亲自把这块金牌授给中国运动员而感到荣幸。

——萨马兰奇

第一个“五连冠”
中国女排书写世界排球史上的传奇

中国女排荣获1982年第九届世界女排锦标赛冠军

在中国体坛上，即使再耀眼的星光，也无法掩盖一支队伍的光芒——那就是中国女排的光芒。

20世纪80年代初，中华民族刚走出十年浩劫的阴霾，开始以全新的姿态走向世界，中国女排用一次次的夺冠为祖国筑梦添彩。1981年11月，在日本举行的第三届女排世界杯比赛中，中国女排姑娘们一路过关斩将，所向披靡，最终以七战七捷的佳绩首次夺得世界冠军，开创了中国女排的新纪元。1982年9月，在秘鲁举行的第九届世界女排锦标赛上，中国女排不负众望，以9战8胜的战绩再次荣获冠军。1984年8月8日，在美国洛杉矶奥运会上，她们力克强敌，在决赛中以3:0战胜美国队，第一次站在了奥运会的最高领奖台上，实现了世界大赛的“三连冠”。

而后在1985年第四届女排世界杯和1986年第十届世界女排锦标赛中，女排姑娘们继续蝉联世界冠军，创造了排球史上第一个“五连冠”，书写了世界排球史上的传奇故事。

从封闭走向开放，在历史转折中新中国的各项事业开始步入正轨；中国女排一马当先，冲出亚洲，走向世界。

一回回倒地，一次次救球，她们从不言败，永不放弃！

一次次跃起，一记记扣杀，她们不畏强敌，顽强拼搏！

发球、垫球、拦网……看似简单的动作，承载了多少伤痛和泪水！

一分钟、一小时、一天、一个月、一年，重复单调而又极为艰苦的训练，她们从不喊累。

她们因排球而生，她们为中国荣耀而战！

从挫折中奋起，在苦练中重生；一路走来，中国女排肩负着为国争光的使命。

团结协作，自强不息。艰难困苦，玉汝于成。女排姑娘们踏破重重关隘，赢得一个又一个胜利，向全世界展现了中华民族崛起的信心和能力。

她们，是一个时代精神的铸就者，与中国改革开放的步伐同向同行；女排精神，穿过岁月的长空，早已越出体育层面，成为鼓舞国人奋进的精神力量。

她们，有一个响亮的名字，点燃几代青春，唤醒大国梦想；“团结起来，振兴中华”，深深地烙上了时代的印记。

打球已经完全不是我们自己个人的事情、个人的行为，而是国家大事。我自己都不属于自己。女排是一面旗帜。女排的气势，振兴了一个时代，她是（20世纪）80年代的象征。

——郎平

和平使者

中国派出维和部队

为了解决战争危机、制止冲突，维护世界和平与稳定，联合国从1948年开始开展维持和平行动，并于1956年苏伊士危机之际正式成立联合国维持和平部队。1988年，中国申请加入联合国维和行动特别委员会。

1990年，中国首次参与联合国维和行动，向联合国停战监督组织派遣5名军事观察员。1992年，中国派遣工程兵大队奔赴柬埔寨，这是第一支成建制的中国维和部队。1990年至2017年8月，中国累计派出维和军事人员3.6万人次，已成为联合国安理会五个常任理事国中派出维和部队最多的国家。中国维和部队完成了不计其数的修路、运输、治病、排雷等任务，被国际社会誉为“维和行动的关键因素和关键力量”，多次荣获联合国和平荣誉勋章。

联合国负责维和事务的副秘书长拉克鲁瓦表示：“中国维和军人的素质给我留下深刻印象——高素质的军人、高水准的装备，堪称一流。中国对维和事业的贡献，值得大书特书。”瑞典斯德哥尔摩国际和平研究所研究报告曾评价说：“中国维和部队是联合国任务部队中水平最专业、效率最高、训练最有素和最守纪律的队伍。”

中国维和医疗队出征誓师大会

1992年，驻柬埔寨中国维和部队军事观察员刘鸣放感染疾病，不幸牺牲；2010年，在海地执行维和任务的中国维和女警察和志虹等8位中国维和人员不幸殉职……

不论是刘鸣放、和志虹等为维和献身的人，还是正在维和一线执行任务的中国军人——

他们穿梭在枪林弹雨中，他们行走在刀光剑影中，他们不分男女，不分年龄，在炎炎烈日下、天寒地冻中摸爬滚打。

联合反恐、排雷清爆、安全护卫……最危险的任务他们绝不退缩——中国维和部队是第一支奔赴素有“火药桶”之称的苏丹达尔富尔的联合国维和部队；在被称为“死亡地带”的黎巴嫩与以色列之间的“蓝线”地区创下扫雷“数量最多、速度最快”与“零伤亡、零事故”的奇迹，并成为唯一一支通过扫雷、排爆和战场区域清排三项资质认证的联合国维和部队……

工程建设、运送物资、医疗救治……最辛苦的任务他们毫无怨言——在高达五六十度的气温中施工，直到皮肤晒脱皮也不休息；在原始热带雨林深处抢修道路，持续奋战；在传染病肆虐的地区，展开巡诊义诊；在交通状况极其恶劣的雨季里，在恐怖分子虎视眈眈的环境中，护送联合国物资……

“危险中，你只会看到中国蓝盔前进的背影，绝不会看到他们后退的脚步。”南苏丹难民这样评价。

“最可爱的东方朋友”“中国人，OK!”这是黎巴嫩民众对中国维和军人的赞誉。

他们，用真心传播友谊，用生命守卫和平，让当地民众看到希望。

他们是中国维和军人，向国际社会展现了铁骨铮铮的中国军魂！

大千世界，我也许只是一根羽毛，但我也要以羽毛的方式承载和平的心愿。

——和志虹

游子回家

中国政府对香港、澳门恢复行使主权

中英香港政权交接仪式

20世纪七八十年代，随着改革开放拉开帷幕，中国的国际地位与日俱增，台湾、香港、澳门回归的问题也提上日程。1984年12月，在经过22轮谈判之后，中英两国政府正式签署关于香港问题的联合声明。1987年4月，在经过4轮会谈之后，中葡两国政府关于澳门问题的联合声明正式签署。

1997年6月30日午夜至7月1日凌晨，中英香港政权交接仪式在香港会展中心举行，中国政府恢复对香港行使主权，中华人民共和国香港特别行政区成立，香港长达150多年的殖民统治历史宣告终结。1999年12月19日午夜至12月20日凌晨，中葡澳门政权交接仪式在澳门文化中心花园馆举行，中国政府恢复对澳门行使主权。

香港、澳门相继回归祖国，是“一国两制”伟大构想的成功实践，必将对台湾问题的解决产生巨大的示范和推动作用，为解决类似的国际问题、稳定国际局势提供了新的尝试和模式，得到了国际社会的高度称赞。

历史的车轮滚滚向前，多少个日夜的等待，多少次深情的呼唤，为了这一刻，我们等待了太久。

我们不能忘记，为了这一刻，老一辈无产阶级革命家做出的巨大努力和艰难探索；我们不能忘记，为了这一刻，无数中华民族的英雄儿女们不屈不挠的斗争；我们不能忘记，为了这一刻，千万中国人为维护祖国和平统一走过的曲折道路。

这一刻，灯火辉煌，举世瞩目；这一刻，多少人的泪水夺眶而出；这一刻，东方之珠璀璨夺目，盛世莲花尽情绽放。当五星红旗、紫荆花区旗、莲花区旗冉冉升起，飘扬在祖国的大地上，用激动万分、欢呼雀跃、欣喜若狂都不足以形容我们的心情。

“小河弯弯向南流，流到香江去看一看”，优美旋律中饱含着深情的眷恋和期盼……“我替小平同志‘到自己的土地上走一走，看一看’!”邓小平同志的夫人卓琳动情地说。香港终于回到祖国母亲的怀抱。

“你可知‘Macau’不是我真名姓，我离开你太久了，母亲!”稚嫩的童声带着闻一多先生的愿望飘向祖国大地的每一个角落……澳门终于回到祖国母亲的怀抱。

对于香港、澳门而言，这是一个崭新时代的到来。

对于祖国而言，这是完成统一大业的里程碑，是“一国两制”从构想变为现实的最好证明。

对于世界而言，这是一个大国逐渐崛起并致力于世界和平的又一见证。

血脉亲情割不断。“一国两制”这一科学构想勾画出一幅国家和平统一战略和治国理政模式的新蓝图，形成为改革开放时期的一项基本国策。香港、澳门回归祖国蓬勃发展的经验表明，“一国两制”是解决历史遗留的香港、澳门问题的最佳方案。

——《坚持“一国两制” 推进祖国统一》(《光明日报》2017年11月8日)

承前启后

党的十五大把邓小平理论写入党章

中国共产党第十五次全国代表大会在北京召开

20世纪80年代末90年代初，苏联解体，东欧剧变，世界社会主义运动进入低潮。中国共产党人坚持走社会主义道路，把建设有中国特色社会主义事业全面推向21世纪。

1997年9月12日至18日，中国共产党第十五次全国代表大会在北京召开。大会首次使用“邓小平理论”这一概念，大会通过的党章指出：“邓小平理论是马克思列宁主义的基本原理同当代中国实践和时代特征相结合的产物，是毛泽东思想在新的历史条件下的继承和发展，是马克思主义在中国发展的新阶段，是当代中国的马克思主义，是中国共产党集体智慧的结晶。”

党的十五大把邓小平理论作为党的指导思想写入党章，为我国继续沿着建设有中国特色社会主义道路前进指明了方向，对世界社会主义事业的发展起到了重要的指引和推动作用。

改革开放以来五年一次的党代会，每一次都会带来新的改变、新的突破，每一次都让人们格外期待，每一次都是全党和全国各族人民政治生活中的大事。

党的十五大是一次承前启后的大会，一次继往开来的大会，一次处于世纪之交的大会。

这次大会，提出了党在社会主义初级阶段的基本纲领；这次大会，明确了社会主义初级阶段的基本经济制度；这次大会，确定了依法治国的基本方略；这次大会，制定了“三步走”的发展战略；这次大会，把邓小平理论确立为中国共产党的指导思想！

什么是社会主义、怎样建设社会主义？邓小平理论回答了一系列基本问题。

新世纪的宏伟蓝图由此展开，新世纪的进军号角业已吹响。

面对前进道路上的挫折，我们决不妥协、决不气馁、决不退缩，始终高举社会主义旗帜是我们的信仰！江泽民总书记曾说：“只要中国的旗帜不倒，世界上就有1/5的人口在坚持社会主义。我们对社会主义的前途充满信心。”

党的十五大把邓小平理论写入党章，就是党和国家对中国人民、对世界人民的庄严宣告，是党和国家把建设有中国特色社会主义事业全面推向新世纪的坚定信念和决心，是全国各族人民共同的期望和心愿！

邓小平对整个世界最大贡献就在于，他向全世界表明，中国可以如何管理和快速发展，而中国又能够因此向整个世界做出何等的贡献。

——英国前首相爱德华·希思

和平与合作的典范
上海合作组织成立

1996年4月26日，“上海五国”间第一个协定在上海展览中心签署

1989年中苏关系正常化后，中苏边境问题谈判出现转机。1991年底苏联解体后，原来的中苏边境谈判就变成中国与俄罗斯、哈萨克斯坦、吉尔吉斯斯坦、塔吉克斯坦的五国双方谈判，最终就边境地区裁军和加强军事互信等方面达成一致。1996年4月26日，五国元首在上海展览中心签署了《关于在边境地区加强军事领域信任的协定》（简称《上海协定》），奠定了五国合作的基础，“上海五国”概念由此而来。此后，每年一次的元首峰会轮流在五国进行，会晤内容逐步扩大到五国在政治、安全、外交、经贸、文化、科技等各个领域的全面互惠合作，会晤机制也发展为五国多层次、多领域的多边合作体制。

2001年6月15日，上海五国与乌兹别克斯坦元首齐聚上海，共同发表了《上海合作组织成立宣言》，标志着上海合作组织这一在“上海五国”会晤机制基础上发展起来的永久性政府间国际组织的正式成立。

上海合作组织为不同地理环境、文化背景、经济水平的国家间的新型国际合作做出了表率，也为维护地区和世界的和平、安全、稳定、发展树立了典范，在国际社会产生了广泛积极的影响。

上海合作组织，这是第一个以中国城市命名的国际组织，它顺应了冷战结束后各国人民要求和平与发展的历史潮流，它符合了复杂国际环境中各国人民要求睦邻友好、团结合作的普遍愿望。

从国家元首峰会到政府首脑定期会晤再到各部门会谈，从军事互信到打击“三股势力”再到深化经济、人文合作，从五国到六国再扩容到八国，从上海到成员国各城市再到青岛，都充分展示了上合组织的旺盛活力。

纵览八国，疆域广袤，人口约占全球的40%，地域面积约占全球陆地的25%，经济总量约占全球的20%。

历数八国，互信、互利、平等、协商、尊重多样文明、谋求共同发展，上海精神大放光芒。上海合作组织共同签署了上百份文件，取得了举世瞩目的成就，国家间守望相助、安危共担。

放眼八国，以新的发展观、安全观、合作观、文明观、全球治理观为导向，坚持利益共同、责任共同、命运共同，携手建设好、维护好、发展好上合组织这个我们共同的家园。

2018，青岛再出发，从“上海精神”到“青岛宣言”，上合组织的使命由探索新型国际关系发展为协力构建上海合作组织命运共同体。

中国走在了区域合作共赢发展的最前沿，携手各国共同绘制人类社会的美好明天。

以开放、融通、互利、共赢理念为指导，上合组织的合作之道，将为国与国之间共同繁荣、区域合作的发展壮大提供有益借鉴。

——《以“合”的智慧拓展合作之路》（《人民日报》2018年6月17日）

海岛共话

博鳌亚洲论坛成立大会召开

跨入新世纪，区域经济一体化进程加速发展。亚洲经济发展迅速，却没有一个真正由亚洲人主导的、专门讨论亚洲事务的论坛组织。同时，亚洲区域经济、政治、文化、生态等问题给各国的合作和发展带来了挑战，亚洲国家和地区也需要建立一个交流与沟通的平台。

2001年2月27日，来自26个国家的代表齐聚中国海南省琼海市博鳌镇召开大会，正式宣布成立博鳌亚洲论坛，共商新世纪合作之路，共谋未来发展大计。博鳌亚洲论坛是一个非官方、非营利、定期、定址、开放的国际会议组织，会员大会为论坛的最高权力机构，每年召开一次；理事会为会员大会的最高执行机构，对会员大会负责；秘书处为论坛常设执行机构。

博鳌亚洲论坛成立会址

博鳌亚洲论坛从成立之日起就在促进亚洲各国政府之间、企业之间、专家学者之间的交流与合作，推动本地区与世界其他地区间的经贸往来、文化交流，在维护地区稳定，促进区域和平发展上发挥着不可估量的作用。

这里，三江交汇，河海相依，山水一体；
这里，有椰林、沙滩、温泉、岛屿、田园。
昔日名不见经传的小渔村，
却在一夜之间名扬四海。
因为，博鳌有了一个新的身份，
每年都有来自世界各地的嘉宾名流会聚于此，
围绕共同关心的亚洲话题，
畅谈平等、互惠、合作、共赢的美好愿景。
博鳌已连接起中国和亚洲，东方和世界，
博鳌已连接起传统与现代，今天和未来。
论坛在博鳌，带来无数机遇和挑战，
亚洲齐心才能把握住时代的主动权，
向世界传递亚洲声音，赢得国际话语权。
这里，已是论坛总部的永久所在地，
成了举世瞩目的国际交流舞台；
这里，已是天堂小镇，迎接着八方来宾。

博鳌亚洲论坛的目的就是使亚洲经济一体化，我们应该团结一致，共创亚洲美好未来。

——日本前首相、博鳌亚洲论坛前理事长福田康夫

走进世界大市场

中国正式加入世界贸易组织

中国加入WTO签字仪式

世界贸易组织（英文简称WTO，中文简称世贸组织）的前身是第二次世界大战之后成立的关税及贸易总协定。冷战结束后，经济全球化进程加快，逐渐成为不可逆转的时代潮流。根据关贸总协定部长级会议的决定，1995年1月1日，更具全球性意义的世界贸易组织取代了关贸总协定。它拥有164个成员（截至2018年10月），货物贸易、服务贸易以及知识产权贸易总额达到全球的98%，有“经济联合国”之称。

从20世纪80年代初，中国就开始酝酿、准备复关事宜，1986年正式向关贸总协定递交复关申请。在经过了漫长的审议和艰难的谈判之后，2001年11月10日，在卡塔尔多哈举行的世贸组织部长级会议审议并通过了中国加入WTO的文件。同年12月11日，中国正式加入WTO，成为第143个成员。

中国加入世贸组织，是中国深度参与经济全球化的里程碑，对中国经济和世界经济的发展都产生了重大影响。WTO前总干事拉米曾评价说，中国加入世贸组织是载入史册的重要事件，是开放、竞争和经济一体化带来双赢的典型例子。

从申请到入世，我们走过了15年。

15年，人类历史长河中极其短暂的一瞬，但对于每一个中国人而言，却是漫长的等待。

面对重重阻挠和漫天要价，中国谈判代表团坚持原则、恪守底线，与世贸组织的几十个成员展开了拉锯式的艰苦谈判，黑头发谈成了白头发。

几十轮的中美谈判、中欧谈判，几天几夜的彻夜不眠，一波三折，终于等到柳暗花明，满载而归。

随着世贸组织部长级会议主席手中木槌“嘭”的一声落下，中国“入世”终于迎来这欢呼雀跃的成功一刻。

从此，中国昂首阔步跨入了世贸组织的大门，就此掀开了中国对外贸易发展的崭新一页！

2009年，中国成为世界第一大出口国。2013年，中国成为世界第一货物贸易大国。

今天的中国是一百多个国家和地区的主要贸易伙伴，是日本、俄罗斯、澳大利亚、巴西、南非、韩国等越来越多国家的最大市场。中国已成为全球第二大进口国。

入世以来，中国切实履行了加入世贸组织的承诺，逐渐走向世界经济舞台的中央，逐渐成为全球经济治理的设计者、推动者、引领者。中国融入了世界，世界融入了中国。

在合作中共赢，在竞争中发展，面对未来，不管怎样的风云变幻、怎样的艰难险阻，我们都满怀信心与希望！

站在新时代的历史起点上，中国开放的大门不会关闭，只会越开越大。

——2018年《中国与世界贸易组织白皮书》

与时俱进

党的十六大把“三个代表”重要思想写入党章

进入新世纪之后，我国在改革开放和社会主义现代化建设各个领域都取得了巨大成就，国民经济发展又上了一个新台阶，国际地位日益提高，中国特色社会主义事业欣欣向荣。

2002年11月8日至14日，中国共产党第十六次全国代表大会在北京举行。江泽民总书记做大会报告，强调了全面贯彻“三个代表”重要思想的根本要求，提出全面建设小康社会的战略目标。大会把“三个代表”重要思想写入党章，作为党必须长期坚持的指导思想，指出：中国共产党是中国工人阶级的先锋队，同时是中国人民和中华民族的先锋队，是中国特色社会主义事业的领导核心，代表中国先进生产力的发展要求，代表中国先进文化的前进方向，代表中国最广大人民的根本利益。

党的十六大把“三个代表”重要思想写入党章，是党和国家开辟马克思主义中国化新境界的重要体现，是党和国家对马克思主义政党执政规律的新认识，显示出社会主义的蓬勃生机，促进和推动了国际社会主义事业的振兴。

中国共产党第十六次全国代表大会在北京召开

这是党在新世纪的曙光中召开的第一次全国代表大会，吹响了全面建设小康社会的号角。

这是一次与时俱进、开拓创新的大会，新的思想被书写，新的观点被凝聚，新的论断被提出。

新世纪初，江泽民总书记在广东考察期间提出“三个代表”，不久，他在庆祝建党80周年大会上系统阐述了“三个代表”重要思想的科学内涵。

中国共产党要始终代表中国先进生产力的发展要求，中国共产党要始终代表中国先进文化的前进方向，中国共产党要始终代表中国最广大人民的根本利益，中国共产党之所以赢，中国共产党为什么行，就是因为能忠实做到这“三个代表”。

短短数语，却内涵丰富，掷地有声——“三个代表”是党的立党之本、执政之基、力量之源。

“三个代表”重要思想创造性地回答了“建设什么样的党、怎样建设党”的重大理论和实践问题，是指引党和国家在新世纪伟大进军的行动指南。

我们党要走在时代潮流的前头，立党为公，执政为民，团结和带领全国各族人民，全面建设小康社会，实现中华民族的伟大复兴。

听，激昂向上的主旋律正在奏响；看，路就在脚下，星空依旧璀璨。让我们企盼，前方不远处的荣光！

学习贯彻“三个代表”重要思想，既要对事也要对人。对事，就是要用“三个代表”重要思想来指导工作、推动社会实践。对人，就是要用“三个代表”重要思想来武装头脑、指导自我修养。

——《武装思想　指导实践》（《人民日报》2003年7月12日）

飞天梦圆

神舟五号飞船将中国人送上太空

神舟五号载人飞船翱翔太空

现代科技是一个国家综合国力的重要组成部分。1992年9月21日,党中央着眼于世界科技发展趋势，结合我国科技事业发展现状，决定实施载人航天工程“三步走”的发展战略,吹响了我国载人航天事业的号角。

从1999年到2002年,我国共四次成功发射神舟一号至四号无人飞船，为载人航天飞船的成功发射打下了坚实的基础。2003年10月15日，神舟五号载人飞船搭载着我国自己培养的第一代航天员杨利伟，在酒泉卫星发射中心由长征二号F火箭送入太空，次日返回，降落于内蒙古四子王旗主着陆场。

神舟五号载人飞船的成功发射与安全着陆，实现了中华民族几千年来的飞天梦，是中国航天发展史上的里程碑，中国也因此成为世界上继苏联、美国之后第三个独立掌握载人航天技术的国家，标志着中国在航天技术方面已经走在了世界前列。

“5，4，3，2，1，点火！”

顷刻间，火箭在震天动地的轰鸣声中腾空而起，这声音打破了西北荒漠的沉寂，这火光点亮了中国航天的希望。浩瀚太空迎来了第一位中国人，还有中国国旗、联合国旗帜、北京奥运会会徽、人民币票样、中国首次载人航天纪念邮票和纪念封，以及来自祖国宝岛台湾的种子，当然还有杨利伟的午餐。

在太空，杨利伟工作之余还同地球上的妻儿通了话：在太空感觉很好，太空的景色非常美。我看到咱们美丽的家了！

从起步到无人飞行再到载人飞行，中国航天人走了十年的路程。

一飞冲天，千年梦圆。

这飞速的进步，这丰硕的成果，这伟大的时刻，离不开党和国家的坚强领导、全力支持，离不开科研人员的呕心沥血、苦心钻研，离不开工作人员的夙兴夜寐、精益求精，离不开航天员的不怕牺牲、刻苦训练。

是他们齐心协力实现了中国的飞天梦想，是他们攻坚克难续写了中国的航天神话，一次又一次的问鼎苍穹，一个又一个的跨越发展，有赖于特别能吃苦、特别能战斗、特别能攻关、特别能奉献的载人航天精神。

这是祖国历史上辉煌的一页，也是我生命中最伟大的一天。

——杨利伟

太空之旅没有国界，神舟五号飞船的升空是全人类迈向太空的一步。

——联合国前秘书长安南

对外文化交流窗口

孔子学院成立

荷兰莱顿大学孔子学院课堂

2004年11月21日，中国第一家孔子学院在韩国首尔正式挂牌成立，打开了中国文化走向世界的“新窗口”。随后，孔子学院如雨后春笋一般迅速发展起来。截至2017年底，在全球146个国家（地区）共建立525所孔子学院和1113个孔子课堂。中外专兼职教师数量达到4.6万人，累计开设汉语班次41万个，各类学员达916万人。累计举办22万场文化活动，受众达1亿人次。

孔子学院在短短数十年间取得如此显著的成就，令世界惊叹！前歌德学院中国总院长阿克曼就曾评价说：“我觉得孔子学院值得为之自豪！”孔子学院为外国的汉语爱好者提供了一个学习汉语和中国文化的机会，奥地利国会议员彻尔吉茨曾说：“不管是国会还是奥地利政府及部门，都认为孔子学院是一个重要桥梁，在两国交往中扮演了‘顾问’角色。”

从无到有，一个新事物的产生要历经多少磨难？从小到大，一个新事物的发展会展现出何样的生机勃勃？

从1987年的国家对外汉语教学领导小组，到2002年的国家汉办，他们一直在探索中华文化走向世界的方法和途径。

中外联合办学，共同筹集办学经费，双方各出代表，共同管理。孔子学院借鉴经验，打破常规，推陈出新。独具特色的办学模式使孔子学院迅速发展起来。

一届又一届的汉语桥，一年又一年的孔子学院大会，一暑期一会的赴华夏令营，一年多于一年的外派教师人数，孔子学院在不断地努力……

对许多外国人来说，孔子学院是一把打开中国神秘面纱的“钥匙”，让外国友人与中国“面对面”，让世界了解一个真实的中国，由此成为一个响当当的“中国品牌”。

一个个画着脸谱学唱京剧的外国学生，每一个表情和动作都在尽力追求惟妙惟肖；用还不很熟练的汉语同你对话的外国友人，在努力拉近彼此之间的距离；有模有样学着中国功夫的孩子，似乎想要感悟中华文化之魂的魅力……

两千多年前，孔子辞别故里，周游列国，广纳弟子，传道授业解惑。两千多年后，“孔子”跨洋而去，以孔子学院的面貌敲开文化传播的世界之门，一展中国文化的风采。

孔子学院仅用短短几年时间，就走完了英法德西等国语言推广机构几十年甚至上百年的路，如同中国经济发展一样，堪称世界奇迹。

——英国文化委员会首席执行官马丁等人

求真务实

党的十七大把科学发展观写入党章

中国共产党第十七次全国代表大会在北京召开

进入新世纪新阶段，我国的改革开放事业进入充满机遇的黄金期，但同时又面临着复杂多变的社会矛盾，粗放型经济增长方式尚未根本改变，统筹兼顾各方面利益难度加大，国际环境复杂多变，竞争日趋激烈，我国改革发展任务依然艰巨繁重。

2007年10月15日至21日，中国共产党第十七次全国代表大会在北京召开。胡锦涛总书记做大会报告，对科学发展观做了全面系统深入的阐述，他指出："科学发展观，第一要义是发展，核心是以人为本，基本要求是全面协调可持续，根本方法是统筹兼顾。"大会审议并通过《中国共产党章程（修正案）》，一致同意把科学发展观写入党章。2012年11月，党的十八大再次修改党章，进一步把科学发展观确立为党的指导思想。

党的十七大把科学发展观写入党章，标志着中国共产党对发展理论的新概括和新认识，开创了中国特色社会主义建设的新局面，对构建和谐社会与和谐世界具有深远意义，为人类可持续发展做出了中国独特的贡献。

科学发展观被写入党章，是党的十七大的重大使命和历史性贡献，体现了全党和全国各族人民的共同愿望和心声。

科学发展观告诉我们——要创新发展理念、转变发展方式、破解发展难题，提高发展质量和效益，实现又好又快发展。

科学发展观告诉我们——要坚持生产发展、生活富裕、生态良好的文明发展道路，建设资源节约型、环境友好型社会，实现速度和结构质量效益相统一、经济发展与人口资源环境相协调，使人民在良好生态环境中生产生活，实现经济社会永续发展。

科学发展观告诉我们——要统筹城乡发展、区域发展、经济社会发展、人与自然和谐发展、国内发展和对外开放，统筹中央和地方关系，统筹个人利益和集体利益、局部利益和整体利益、当前利益和长远利益，充分调动各方面积极性。

科学发展观告诉我们——要积极构建社会主义和谐社会，没有科学发展就没有社会和谐，没有社会和谐也难以实现科学发展……

以人为本、全面协调可持续发展的科学发展观创造性地回答了“实现什么样的发展、怎样发展”这一重大理论和实践问题。

科学思想指引我们航向，伟大旗帜引领我们前进。

我们要高举中国特色社会主义伟大旗帜，万众一心，求真务实，开拓奋进，沿着中国特色社会主义道路，去创造更加幸福美好的生活。

科学发展观最鲜明的特点和最突出的贡献，在于进一步回答了什么是社会主义、怎样建设社会主义和建设什么样的党、怎样建设党的问题，创造性回答了新形势下实现什么样的发展、怎样发展等重大问题，把我们对中国特色社会主义规律的认识提高到新的水平。

——《马克思主义中国化的重大成果》(《人民日报》2016年10月2日)

百年梦圆

第29届夏季奥运会在北京举办

2008年北京奥运会开幕式现场

2008年8月8日是一个举国沸腾的日子！这一天，第29届奥林匹克运动会在北京盛大开幕，中华民族历经百年的奥运梦想终于实现了！

本届奥运会共有来自204个国家和地区的1万多名运动员在五环旗下同场竞技，成为有史以来参赛国家和地区最多的一届奥运会。我国运动健儿表现出色，共夺得51枚奥运金牌，荣登奥运金牌榜首，成为奥运历史上首个登上金牌榜首的亚洲国家。

国际奥委会主席罗格说："这是一届真正的无与伦比的奥运会！"时任美国总统布什盛赞："中国政府和人民给世界各国人民奉献了一场壮观、成功的奥运会开幕式。其精彩程度令人难以置信。"北京奥运会是一场东西方经济、文化、政治交流的盛宴，体现了中国的综合国力和大国气派，极大地推动了中国体育事业和群众体育活动的发展，也为全球奥林匹克运动的蓬勃发展注入了新的活力。

1896年，现代奥林匹克运动会诞生，但是，积贫积弱、灾难深重的中华民族却望“奥”兴叹！

1908年，国人发出“奥运三问”——中国何时参加奥运会？中国何时夺取奥运金牌？中国何时举办奥运会？激起了中华儿女对奥运的百年艰辛追梦。

曾经在奥运赛场孤军奋战过，曾经买不起撑杆、住不起奥运村，曾经因干扰而迟到、缺席……

2001年7月13日晚，时任国际奥委会主席萨马兰奇宣布第29届夏季奥运会由北京主办。7年来，中华儿女精心筹划、团结协作，努力为世界奉献一届有特色、高水平的奥运盛会。事实证明，中华民族兑现了曾经的期盼和承诺：从大手笔的奥运场馆到梦幻般的开幕式，中国人民始终以最饱满的热情、最完美的设计、最周到的服务向世界展现中国魅力。

“鸟巢”气势恢宏，“水立方”流光溢彩。“舞动的北京”印下中国人民的真诚邀请，五个福娃张开了双臂：北京欢迎你！

2008名演员击缶而歌：有朋自远方来，不亦乐乎！璀璨的焰火凌空绽放，奥运巨人踩着祥云从历史的深处走来，与中华五千年的灿烂文明画卷交相辉映，与现代文明的声光电变幻交融，绿色奥运、科技奥运、人文奥运，这是13亿中华儿女为世界奉献的精彩盛会。

变革中的中国，前途光明，潜力巨大。北京奥运会将成为中国发展变革中一座重要的里程碑。

——国际奥委会主席罗格

以邻为伴
中国—东盟自贸区全面建成

中国—东盟自由贸易区建成

中国—东盟自由贸易区（CAFTA）是由中国和东盟十国共同组建而成的自由贸易区。2000年11月，在第四次中国—东盟领导人会议上，时任中国国务院总理朱镕基提出中国—东盟自由贸易区的构想。2001年11月，在第五次中国—东盟领导人会议上，建议10年内建成中国—东盟自由贸易区。2002年11月，《中国—东盟全面经济合作框架协议》签订，自贸区建设正式启动。之后，《货物贸易协议》等一系列协议的签署实施刷新着中国—东盟自由贸易区的建设速度。2010年1月1日，中国—东盟自由贸易区正式建成。

作为拥有人口最多的发展中国家间最大的自由贸易区，中国—东盟自贸区的建成有力推动了双边贸易的快速发展，加强了中国与东盟之间的友好合作关系。为进一步提高中国和东盟之间贸易投资自由化和便利化水平，双方就货物贸易、服务贸易、投资、经济技术合作等多个领域完成对原有协定的补充完善，并于2015年11月22日签署了《中华人民共和国与东南亚国家联盟关于修订〈中国—东盟全面经济合作框架协议〉及项下部分协议的议定书》。中国—东盟自由贸易区进入2.0时代。

中国与东盟各国山水相连、人文相亲，是好邻居、好朋友、好伙伴。中国自古就开辟海上丝绸之路，打开友好往来的大门。

进入21世纪，中国和东盟宣布建立自由贸易区与面向和平与繁荣的战略伙伴关系，开启了双方友好交往的新篇章。

21世纪海上丝绸之路让友谊之路更加通畅，升级版的自贸区为双方经贸往来注入新能量。

如今，自贸区已经携手走过十几年的风风雨雨，创造了许多史无前例的成就。

2017年，中国与东盟贸易额超过5000亿美元，中国连续9年成为东盟第一大贸易伙伴，东盟连续7年成为中国第三大贸易伙伴。东盟是中国重要的朋友，中国是东盟可靠的伙伴。

中缅油气管道、中马“两国双园”、印尼雅万高铁、中老铁路、中泰铁路、澜沧江—湄公河合作机制、中新互联互通项目提升着中国与东盟合作空间。

大部分产品已实行零关税，人们钟爱的红毛丹、荔枝、龙眼“一骑绝尘”，物美价廉让人喜上眉梢。

人文交流、旅游观光蓬勃发展，双向人员往来达5000万人次。

经济互融，文明互鉴，优势互补，合力打造“互信、互谅、互利、互助”的中国—东盟合作精神；理念共通，繁荣共享，责任共担，携手构建更为紧密的中国—东盟命运共同体。

所当乘者势也，不可失者时也。中国—东盟关系已进入全方位发展的新阶段，做共同发展的伙伴、共建和平的伙伴、开放共赢的伙伴、开拓创新的伙伴、包容互鉴的伙伴，昭示着更紧密的命运共同体的美好愿景。

——《讲好共促和平、共谋发展的故事》（《人民日报》2019年2月21日）

让世界爱上中国造

中国成为世界第一制造大国

第二届中国制造高峰论坛召开

改革开放以来，我国制造业发展迅猛。2010年，中国制造业产出占世界比重达到19.8%，首次从规模上超过美国，成为世界第一制造大国。在主要工业品中，产量居世界第一位的产品就有200多种，其中水泥、电解铝、计算机、手机、数码相机、冰箱、空调、微波炉等都占到了世界总产量的60%以上。中国已经成为一个名副其实的工业生产大国，也被称为“世界工厂”。

如今，“中国制造”(Made in China）的产品遍布全球，对全球经济和民生产生了巨大影响，在世界上的大多数国家和地区，人们的生活已经离不开“中国制造”。美国女作家邦焦尔尼曾说服全家人做过一个实验：一年不用中国货会怎么样。她在《离开中国制造的一年》中说，这一年里，原本简单方便实惠的日常生活突然变得非常艰难，离开中国货的生活是不可想象的。没有中国货，生活也许可以维持，但变得非常麻烦，而且代价也会很高。她说今后不会再做类似的尝试。

“Made in China”，一个让每一个中国人熟悉并引以为荣的标识，不仅经常出现在我们身边，也不断穿梭于世界各地。

在古代，中国就因是发明强国和制造强国而名扬四海，无奈近代我们落伍了！

乘着科技和工业革命的春风，英国首先坐上了制造业世界第一的“宝座”，成为“世界工厂”，后来美国又超越英国成为“世界工厂”。

勤劳智慧的中国人民不甘落后，奋起直追，一百多年过去了，我们终于赶了上来，实现了历史性超越。

如今，“中国制造”的标签几乎无处不在，由中国人制造的产品已遍布世界的每个角落，从机械装备、家用电器、日用百货、衣物鞋帽到儿童玩具，甚至连伦敦奥运会吉祥物、里约奥运会吉祥物都来自中国制造。

但是，从规模看，中国堪称制造大国当之无愧；从整体看，中国距离制造强国尚存差距。

我们要坚持走中国特色新型工业化道路，加快发展先进制造业，建设创新型国家。

我们要鼓励大众创业、万众创新，发扬工匠精神，让“中国制造”的升级版——“中国智造”的高科技产品也遍布世界。

世界强国的兴衰史和中华民族的奋斗史一再证明，没有强大的制造业，就没有国家和民族的强盛。

——《中国制造2025》

巨龙腾飞

中国成为世界第二大经济体

2011年初，中日两国先后公布了2010年国内生产总值（GDP）数据——5.88万亿美元、5.47万亿美元，中国以4000多亿美元的优势首次超过日本，一跃成为世界第二大经济体。这是一次影响世界经济格局的重大变化，美国《华尔街日报》也将这一历史性时刻称为“一个时代的结束”。而后，中国经济不断发力，始终保持着平稳的增长速度。截至2017年，中国经济总量已逾82.7万亿元，稳居世界第二大经济体之位。近5年，中国对世界经济增长的贡献率高于30%，超过美国、欧元区、日本贡献率的总和，居世界第一。中国经济已经成为全球经济增长的主要推动力，成为世界经济稳定发展的“压舱石”。

中国成为世界第二大经济体，是中国改革开放所取得的伟大历史成就。作为世界最大的发展中国家，中国经济获得的成功为其他发展中国家的经济发展提供了很好的样板。作为世界经济增长的主要力量，中国经济的进步为世界的繁荣发展贡献了中国智慧和中国力量。

上海浦东新区陆家嘴金融中心

改革开放开启了中国经济的腾飞大幕。

中国经济一路前行，GDP增长势头不可阻挡，2000年超过了意大利，2005年超过了法国，2006年超过了英国，2007年又超过了德国，成为世界第三。

2008年爆发的世界金融危机依然没有阻挡住中国经济增长的步伐。面对世界市场的一夕而变、全球经济的萎靡不振、各国经济的自顾不暇，在东方这片广袤的热土上，却是“风景这边独好”。

紧接着，中国经济终结了日本对第二位置长达42年的垄断，一跃超过日本，成为仅次于美国的世界第二大经济体。

从“远远落后”到“赶上时代”再到“并跑引领”，中国经济一步一个台阶，实现了跨越发展，创造了世界经济增长史上的伟大奇迹。

围绕中国的崛起，一个响亮的名字——“中国模式”进入人们的视野，并为世界所聚焦，已成为“世界第一新闻话题”。

美国《时代周刊》杂志封面曾用中文和英文两种语言写上“中国赢了”（China Won），将中国这个经济大国称为“后来居上的巨人”。

改革开放只有进行时，转变经济发展方式，提高经济发展质量，中国的经济将继续展示出自己的实力、潜力和魅力，在世界经济舞台上散发光和热，带动世界经济的共同发展。

“大河有水小河满，小河有水大河满。”随着各国相互联系、相互依存的程度空前加深，人类越来越成为你中有我、我中有你的命运共同体。改革开放以来，中国勇敢拥抱世界，迅速成长为全球第二大经济体，让7亿多人口摆脱贫困，正在向着全面建成小康社会目标快步前进。

——《与世界同行，助人类共赢》（《人民日报》2017年1月22日）

像子弹飞
京沪高铁通车

高速动车组列车在飞奔

2011年6月30日，我国迎来铁路建设史上又一辉煌时刻——京沪高速铁路全线正式通车，时任国务院总理温家宝乘坐首发列车启程。京沪高铁犹如一条钢铁巨龙，快速连接起中国的政治、文化和经济中心，成为贯穿华北和华东地区、沟通京津冀和长三角两大经济区的交通大动脉。

京沪高铁作为全国《中长期铁路网规划》（2016年修订）中“八纵八横”高速铁路主通道之一，从20世纪90年代初就开始方案设计和可行性研究，2008年4月18日正式开工建设，2010年11月15日全线铺轨完成。在联调联试中，拥有自主知识产权的“和谐号”新一代高速动车组跑出480多公里的时速。京沪高铁由北京南站至上海虹桥站，全长1318公里，设24个车站，设计的最高速度为380公里/小时，现在“复兴号”的运营速度是350公里/小时。京沪高铁自2011年7月1日运营至今运送旅客突破8亿人次。

京沪高铁是当今世界上一次建成线路最长、技术标准最高的高速铁路，取得了良好的经济效益与社会效益。以京沪高速铁路为代表的中国高铁作为一张靓丽的名片也赢得了世界的目光。

泱泱大国，巍巍华夏。铁路自落根于中华大地，便与这个古老民族命运相济。

一百年前，詹天佑不辱使命，运用一些新法，主持修建了我国自主设计并建造的第一条铁路——京张铁路，为中华民族争了一口气。

一百年后，中国通过引进消化吸收再创新，构建了中国高铁标准体系与技术体系，打造出了中国的高铁品牌。

2008年8月，中国首条高速铁路——京津城际高铁通车运营。2009年12月，京广高铁南段的武广段通车运营。随后，郑西高铁、沪宁高铁等先后建成通车。

京沪高铁穿越繁华都市，纵横田野乡村，从北京穿越天津、河北、山东、安徽、江苏到上海，1300多公里，朝发夕回，安全、方便、温馨、快捷，梦幻般地改变了普通老百姓的出行体验。

我们曾多么羡慕日本的新干线、法国和德国的高铁技术。今天，中国大地上飞奔着一列接一列的“和谐号”“复兴号”……当高颜值、高速度的它们像子弹一样从你眼前飞过，你可曾想到这是数以万计的铁路科研人员与建设者在祖国的大地上创造出的世间奇迹。

铁路见证了这个古老民族的沧桑巨变和快速发展。中国已经成为世界上高铁系统技术最全、集成能力最强、运营里程最长、运行速度最快、在建规模最大的国家。从追赶到并跑，中国仅用几年的时间，就走完了发达国家几十年的路。

如今，拥有自主知识产权的高铁技术已走出国门，打着“中国烙印”的高铁在其他国家也已落地开花，中国高铁开始领跑世界。

没有科技创新的意识，没有不间歇的创新脚步，就不可能有今天人们在京沪高铁可以感觉和触摸到的进步。

——京沪高铁总体设计负责人王玉泽

星星参北斗

中国研制北斗卫星导航系统

20世纪70年代，美国军方开始研制全球定位系统（GPS）。为与美国抗衡，苏联和其后的俄罗斯也开始研制全球卫星导航系统格洛纳斯（GLONASS）。后来，欧盟也启动了伽利略卫星导航系统计划。在这场科技竞争中，中国人不甘落后，决心研制自己的北斗卫星导航系统（BDS）。

中国按照“自主、开放、兼容、渐进”的原则，分三步建设卫星导航系统。2000年建成北斗一号系统，向国内提供多领域服务。2012年建成北斗二号系统，向亚太地区提供定位、导航、授时服务。2014年，中国的北斗系统已成为继美国的GPS和俄罗斯的格洛纳斯后，第三个被联合国认可的海上卫星导航系统。

目前，中国正集中全力进行北斗三号系统的建设工作。2018年8月25日，以“一箭双星”方式成功发射了第三十五、三十六颗北斗导航卫星，这也是北斗三号系统第十一、十二颗组网卫星。北斗卫星全球系统组网发射进入密集期。我国计划于2020年左右完成卫星组网任务，为全球用户提供连续、稳定、精准、可靠的服务，更好地造福人类。

北斗卫星导航系统（BDS）模型

在古代，中国成功发明指南针，指引着漫漫航路的方向。

郑和的庞大舰队凭借着指南针浩浩荡荡七下西洋，哥伦布凭借着指南针发现了新大陆。

中国人自古就积累了科学定向的智慧，今天，中国再次凭着自己的智慧与努力，打造着北斗卫星导航系统。

一颗颗卫星冲出地球，在苍茫太空中，用覆盖空天地海的信号，为我们提供着优质的服务。

北斗车联网平台，能保护人们安全出行；

渔船安装北斗，能保护渔民安全出海；

牧民使用北斗终端能更好地放牧；

利用北斗导航能减缓交通阻塞；

北斗导航能引导部队精准行动；

北斗导航能预测天气变化；

北斗导航能帮助我们抢险救灾；

北斗导航能帮你找到要走的线路；

共享单车装上北斗可实现精细管理；

孩子带上北斗支持的手环可让家长放心……

天上数颗星，地上一张网；互联万物，智能对接。

服务全球，造福人类；这是中国的北斗，也是世界的北斗。

人生路必曲，仍须立我志。竭诚为国兴，努力不为私。

——双星定位通信系统提出者陈芳允

北斗应用是无时不在，无处不有，只要你敢想，它就可以应用。

——北斗卫星导航系统总设计师杨长风

龙宫探秘

“蛟龙号”载人潜水器潜出中国深度

“蛟龙号”出水

早在20世纪70年代，中国科学家就提出了“上天、入地、下海”的现代科技发展目标。1992年开始研究论证载人潜水器。2002年6月，深海载人潜水器研制被列为国家高技术研究发展计划（863计划）重大专项，开始了7000米载人潜水器“蛟龙号”的研制工作。2009年8月，刚刚破壳而出的“蛟龙号”迎来了它的第一次下海。

至2011年，“蛟龙号”接连取得1000米级、3000米级和5000米级海试成绩。然而，这些只是蛟龙深游之前的热身，“蛟龙号”设计之初，就带着潜入7000米级的使命。2012年6月27日，在目前所知地球上最深的海沟——马里亚纳海沟，“蛟龙号”潜入深海7062米处，并完成定点、定高、摄像、取样试验等任务，创造了作业型载人潜水器最大下潜深度纪录。

“蛟龙号”是我国首台自行设计、自主研制的作业型深海载人潜水器，它的问世标志着中国深海运载技术的发展迈入新的阶段。“蛟龙号”的7000米深度突破，意味着它已经能够深潜到全球99.8%的海洋区域，中国的海底资源勘探能力和海底载人科学研究达到了国际领先水平。

观星九天外，探秘深海中。

“蛟龙号”的问世实现了中华民族“可下五洋捉鳖”的梦想。

回顾“蛟龙号”的研制过程，面对着国外技术封锁，研制团队白手起家，经过七年艰苦探索，克服重重困苦，迈过道道难关；看看“蛟龙号”取得的突破，我国深潜科技从跟跑到领跑，用自主创新跻身世界第一梯队，技术达到领先水平；再看“蛟龙号”的表现，一次次海试，从50米到7000米，时近十年，历经惊涛骇浪，足迹遍及多处神秘海沟，获得了丰富的科考成果。

“蛟龙号”凝聚着几代人的努力，无数科学家的心血以及潜航员们的青春年华。

“蛟龙号”潜出了中国深度，潜出了世界纪录，唱响了中国蓝色海洋梦。

新时代，我们要进一步关心海洋、认识海洋、经略海洋；新时代，我们要自主创新，整体突破，从“蛟龙号”到“龙家族”，中国探索深蓝的脚步从未停歇。

我们将继续一往无前，驶向更深、更远、更大的海洋强国梦！

当你确定一个目标之后，可能你需要付出的是几年甚至是更长时间的心血，但是我相信只要付出了肯定有收获的。

——“深潜英雄”唐嘉陵

长风破浪会有时

中国第一艘航空母舰正式交付海军

“辽宁舰”在海中航行

2012年9月25日，对于中国人民解放军来说，是意义非凡的一天。从这天开始，中国航母实现“零”的突破。我国第一艘航空母舰——“辽宁”号航空母舰（简称“辽宁舰”），顺利完成建造和试航，在万众瞩目中迎来交接入列的神圣时刻，正式交付中国人民解放军海军。

“辽宁舰”的前身是苏联海军的“瓦良格”号。20世纪80年代中期，“瓦良格”号在苏联的加盟共和国乌克兰的尼古拉耶夫黑海造船厂开工建造。苏联解体后建造工程被迫中断。1998年，中国成功竞购“瓦良格”号，费尽周折后经黑海、博斯普鲁斯海峡、达达尼尔海峡、地中海、直布罗陀海峡、大西洋、好望角、印度洋、马六甲海峡，于2002年2月20日进入中国领海。2005年，在大连造船厂开始对其进行建造改进。2011年，开始出海航行试验。

“辽宁舰”作为国之重器，是中国海洋军事力量的象征。它的庄严入列，掀开了中国海军装备建设的新篇章，使中华民族的百年航母梦最终成为现实，极大振奋了中华儿女的士气，显著提升了我国军事实力和国际地位，标志着我国向海洋强国的目标迈出了关键性的一步。

浩渺行无极，扬帆但信风！

它被视为国之重器，它被当作国力象征。

它犁波耕浪，在茫茫大海中留下恢宏壮美的画卷；它扬帆前行，在一片深蓝中奏响强军的时代最强音。

它，就是中国首艘航母——辽宁舰。

回想一百多年前，怀抱着国人海军梦想的北洋水师，在甲午海战中折戟沉沙让人心碎；回想四十多年前，周恩来总理在会见外宾的宴席上那慷慨激昂的话“我们不能让中国的海军再去拼刺刀”，犹在耳边；回想三十多年前，美国“突击者”号航母上，年逾六旬的刘华清上将那渴望的眼神，“如果中国没有航空母舰，我死不瞑目”。

今天，它驰来了，它头顶着中国海军首艘航母的光环；它承载着中华民族伟大复兴的梦想。

海洋强国是它的前行航标，浩渺大海是它的漫漫征途。

它有专属的荣耀，亦有独特的震撼；它有艰巨的使命，更有光辉的远景。

正式入列，是崭新的开始，也是全新的征程。

它开始走向远洋，向世界展示中国海军的光辉形象；它开始劈波斩浪，让中华儿女沐浴祖国的无限荣光。

“航母Style”，放飞梦想；扬我国威，卫我海疆！

海军有了航空母舰，海军的质量就将发生大变化，海军的作战能力也将有较大提高，有利于提高军威、国威。

——中国“航母之父”刘华清

中医中药走向世界

屠呦呦荣获诺贝尔奖

屠呦呦（左）从瑞典国王卡尔十六世·古斯塔夫手中接过诺贝尔生理学或医学奖证书

2015年10月5日，瑞典卡罗琳医学院宣布，屠呦呦因带领科研组发现抗疟新药青蒿素获得诺贝尔生理学或医学奖。青蒿素及其衍生物是当前治疗疟疾效果最好的药物，在全球，特别是在非洲疟疾重灾区的抗疟过程中发挥了重要作用，被非洲人民称为“来自遥远东方的神药”。

屠呦呦是第一位由新中国培养的、在中国本土进行科学研究的诺贝尔科学奖项得主，也是首位获得生理学或医学奖的华人科学家，她发现的青蒿素挽救了全世界数百万人的生命，彰显了中国古代医学的智慧，为发展中医药事业、造福人类健康做出了重大贡献。

“呦呦鹿鸣，食野之蒿”，《诗经·小雅》中的这一诗句或许预言了一个传奇的诞生。

1969年，屠呦呦临危受命，接受抗疟药研究任务。

接受使命需要勇气，完成使命需要定力。面对极其艰苦的科研条件，屠呦呦带领课题组排除万难，在无数次失败后，最终受古代中医临床急救手册《肘后备急方》的启发，从青蒿中成功提取出专门治疗疟疾的青蒿素。

为了确保药物安全，她竟第一个亲自试服，她是拯救百万人性命的巾帼英雄。

屠呦呦获奖的背后，是她本人的执着和脚踏实地的埋头苦干，是伯乐的慧眼识才和同道的协作配合，是一个正在崛起的泱泱大国的综合实力的靓丽呈现。

没有随随便便的成功，把爱好发挥到极致，把责任使命扛在肩上，抵得住诱惑，耐得住寂寞，不被困难征服，不被失败吓倒，你会发现不一样的你。

青蒿素是传统中医药送给世界人民的礼物，对防治疟疾等传染性疾病、维护世界人民健康具有重要意义。青蒿素的发现是集体发掘中药的成功范例，由此获奖是中国科学事业、中医中药走向世界的一个荣誉。

——屠呦呦

合作共赢的中国方案

中国提出“一带一路”合作倡议

满载货物的首趟中欧（青岛）国际班列首发成功

“一带一路”是“丝绸之路经济带”和“21世纪海上丝绸之路”的简称。2013年9月，习近平到访古丝绸之路的经由地——哈萨克斯坦，提出了共建“丝绸之路经济带”的合作倡议；2013年10月，习近平访问海上丝绸之路的重要枢纽——印度尼西亚，提出了“21世纪海上丝绸之路”的合作倡议，一个惠及沿线国家的新的合作倡议跃然于世界人民的面前。2015年3月，国家发展改革委、外交部、商务部联合发布了《推动共建丝绸之路经济带和21世纪海上丝绸之路的愿景与行动》。

构建“一带一路”以“共商、共建、共享”为基本原则，通过政策沟通、设施联通、贸易畅通、资金融通、民心相通，积极推动建立区域性乃至全球性的利益共同体、责任共同体、命运共同体。

“一带一路”倡议的发起和实施，使亚欧非各国经济合作更加紧密，有力促进了亚非大陆腹地不发达地区的经济发展，为世界经济的均衡发展和地区合作贡献了中国方案，彰显了大国责任。“一带一路”倡议顺应了时代发展的潮流，回应了沿线国家渴望发展的愿望，得到了全球范围的积极响应，取得了丰硕的成果。

从长安到罗马，从泉州到蒙巴萨，古代的张骞们翻山越水跨过戈壁荒漠和汪洋大海，搭建起东西方文明的交流通道；从北京到巴黎，从青岛到塞得，今天的中国又携手多国构建起横跨亚欧非的国际大通道，古老的丝路再次焕发勃勃生机。

从丝路驼铃到列车轰鸣，“一带一路”已经从倡议变为行动，从愿景变为现实：跨越几千公里的中欧班列贯通东西，连接着中国与欧洲的上百个城市；在中国与沿线国家合建的经贸合作区，几十万不同肤色的工作人员正在忙碌着；在“一带一路”国际合作高峰论坛上，不同国家的元首、政府首脑和代表齐聚北京，共商“一带一路”发展大计；中国与上百个国家和组织签署了共建“一带一路”合作文件；“一带一路”与多个国家发展战略实现对接，各大经济走廊交相辉映。

“一带一路”重现了“使者相望于道，商旅不绝于途”“舶交海中，不知其数”的盛况，源源不断的人流、资金流、物流、信息流，正在描绘亚欧非经济合作的精彩图景，奏响人文交流的美妙和弦。

“一带一路”既是中国智慧，又是世界愿望，它创造新机遇，又带来新希望，绿色、健康、智力、和平的丝绸之路正在架起中国梦和世界梦的桥梁，书写人类发展新篇章。

“一带一路”建设跨越不同地域、不同发展阶段、不同文明，坚持共商、共建、共享原则，共同应对世界经济当前面临的挑战，在开放中合作，在合作中共赢，显示了海纳百川的胸襟。

——《推动“一带一路”建设行稳致远》(《人民日报》2017年5月18日)

中国经济新的试验田

中国（上海）自由贸易试验区成立

中国（上海）自由贸易试验区挂牌成立

改革开放三十多年，在带来经济飞速发展的同时，中国的改革也逐渐进入了攻坚期和深水区。2013年9月29日，中国（上海）自由贸易试验区（简称“上海自贸区”或“上海自由贸易区”）正式挂牌成立，开启了中国对外开放的新模式。上海自贸区是中国大陆第一个自由贸易区，是新一轮改革开放的先行者，它的一些成功经验向全国复制推广。

上海自贸区在投资、贸易、金融、税收、政府职能转变等方面进行深度改革，已吸引了不计其数的国内外企业和金融机构入驻。美国高通集团毫不犹豫地落户自贸区，苹果公司、展讯通信有限公司、安联投资有限公司等世界500强企业，中国华信能源有限公司、苏宁集团等民营龙头企业纷至沓来。上海自贸区不断释放的改革红利、制度红利，将引领中国的对外开放，为中国也为世界带来经济发展的新活力。

从深圳蛇口到上海浦东，从经济特区到自贸区，名称变了，地域变了，先行先试的内容变了，但改革开放的大方向没有变。

三十多年的改革开放，实现了中国经济腾飞，使中国成为世界第二大经济体；三十多年的改革开放，实现了中华民族的腾飞，我们比任何时候都更接近中华民族伟大复兴的中国梦；三十多年的改革开放，也使中国的改革开始进入“深水区”，矛盾不断增多，困难不断加大。全面深化改革迫在眉睫，也势在必行。

“明知山有虎，偏向虎山行”，我们不畏艰难，不怕险阻，在深化改革开放的路上，我们一往无前。

自由贸易试验区肩负着新的历史使命，是推动中国经济升级的桥头堡。

原来等好几个月进不来的商品，如今24小时内便进入中国市场，才下枝头便到桌前；十几趟办不下来的营业执照，如今转眼就能完成……

负面清单管理、贸易便利化、资本项目可兑换、开放金融服务业、转变政府职能，上海自贸区勇于打破经济升级路上的拦路虎，为中国经济进一步改革开放摸索经验。

占全市1/50的面积，却创造出了全市1/4的生产总值和税收收入，上海自贸区为我们交上了一份满意的答卷。

在改革开放史上，上海自贸区又画下了浓墨重彩的一笔，创造了一个奇迹。

新生的上海自贸试验区，正成为中国深化改革、扩大开放的新坐标。

——《稳中求进开新局》（《光明日报》2013年11月9日）

九天揽月

“嫦娥三号”登月成功

2013年12月2日凌晨1时30分，中国自主研制的第一个无人登月探测器——“嫦娥三号”成功发射，并于当月14日在月球软着陆，实现了中华民族“上天揽月”的千年梦想。

2004年，我国正式启动“嫦娥探月工程”，该工程包括无人月球探测、载人登月和建立月球基地三个阶段。无人月球探测又分“绕”“落”“回”三期。2007年和2010年分别发射的“嫦娥一号”和“嫦娥二号”卫星完成了绕月飞行任务，成功获取了大量月球数据，为“嫦娥三号”的成功登月奠定了良好的基础。“嫦娥三号”月球探测器由着陆器和巡视器（“玉兔号”月球车）组成，于2013年12月2日在西昌卫星发射中心由长征三号乙运载火箭送入太空，并于当月14日软着陆于月球雨海西北部。次日，玉兔月球车驶离着陆器，顺利完成了互拍成像，“嫦娥奔月”终成现实。

“嫦娥三号”成功着陆月面

“嫦娥三号”登月成功使我国成为继美国、苏联之后第三个实施月球软着陆的国家，在我国航天事业发展史上具有重要的里程碑意义，也为世界航天科学的发展做出了重大贡献。“嫦娥三号”登月活动引起了国际社会的高度关注，也激发了国内外华人对祖国航天成就的自豪感。

嫦娥奔月，玉兔巡天；科技的进步让远古的飞月梦成为现实，上天揽月不再是传说。

中国科学家向世人证明：外国人能做到的，中国人也能做到，而且做得更好。

“嫦娥三号”通过测月、巡天、观地，得到了大量科学数据。它搭载的测月雷达，边走边探，获得了首幅着陆区月壳浅层剖面图；它搭载的月基光学望远镜，白天看星星，在月球北极上方区域做了一次天体普查；它搭载的极紫外相机，是看地球的“眼睛”，看到了地球等离子层的全貌。

“嫦娥三号”创造了在月球工作的最长纪录，也让全世界看到了迄今最清晰的月球彩色照片。

“苦心人，天不负”，无数科学家不断探索、反复实验，从最初设计到圆满完成任务，无不体现着中国航天人的坚定、执着和智慧。坚定，让探索研究成为一种习惯；执着，让无私奉献成为一种日常；智慧，让千年古梦成为现实。

正是无数航天人时不我待、只争朝夕的使命感和敢打硬仗的勇气，克服了中国航天工程面临的一个又一个困难。

正是无数航天人的团结拼搏、改革创新、锐意进取，谱写了中国航天事业发展的又一辉煌篇章！

广袤无垠的宇宙深空里，地球蔚蓝，月面苍凉。寂静的“广寒宫”里，“嫦娥三号”轻轻地“亲吻”着梦想的福地。她身上清晰的五星红旗图案正告诉全世界：我是嫦娥，来自中国！

——《中华儿女“触摸”月球》（《光明日报》2013年12月15日）

互联互通

首届世界互联网大会在浙江乌镇召开

第一届世界互联网大会召开

进入21世纪，互联网技术的迅速发展极大改变了人们的生产和生活方式。互联网让人们之间的距离越来越近，让世界变得越来越小，让人们的生活越来越便捷。为进一步促进互联网技术的发展，解决中国与世界互联互通和国际互联网共享共治中存在的问题，需要全球性的商讨和对话。

2014年11月19日至21日，首届世界互联网大会在中国浙江嘉兴乌镇召开，来自近100个国家和地区的政要、国际组织代表、著名企业高管、网络精英、专家学者等1000多人汇聚千年水乡乌镇，就国际互联网治理、移动互联网、互联网新媒体、跨境电子商务、互联网与金融、网络空间法治化、网络安全等10多个分议题深入讨论，达成了广泛共识。

首届世界互联网大会的成功召开，展现了中国作为互联网大国应有的责任和担当，全景展示了中国互联网发展理念和成果，凝聚了全球共识，推动了全球交流与合作，为国际互联网的发展搭建了平台，贡献了智慧和力量。

1987年9月20日，中国科技专家钱天白通过国际互联网向当时的西德卡尔斯鲁厄大学发出了中国第一封电子邮件——《穿越长城，走向世界》，由此拉开了中国人上网的序幕。

1990年11月28日，他抢先完成了中国顶级域名CN的注册登记，使中国有了自己的网上标识，成了Internet大家庭中的一员。

可是，那时没有多少中国人知道Internet为何物，更不用说上网体验了！

1994年4月，中国第一个互联网络——中国科技网第一次实现了与国际互联网的全功能连接，成为中国首个接入Internet的网络。

1996年1月，中国互联网全国骨干网建成开通，开始提供服务。

从此，互联网逐渐为中国人所熟悉，上网的人越来越多，中国信息化建设越来越迅猛。

今天，中国网民规模已逾8亿人，中国已成为第一网络大国。如今人们足不出户就可以网购物品、和亲戚朋友“面对面”聊天。即使出门，也不用带现金，只需要拿着手机“扫一扫”就可以完成交易。

因为有了互联网，也让乌镇这个江南水乡有了不一样的风采。

早在2012年乌镇就实现了Wi-Fi全覆盖，在乌镇任何一个街头，几乎每个广告招牌，都有醒目的Wi-Fi标记。

古色古香的街头融入了互联网，宛如画卷的乌镇让中华传统文化与现代信息科技交相辉映。

首届世界互联网大会在乌镇召开，从此乌镇峰会成了中国的一张名片。

乌镇的桥，乌镇的街，乌镇的船，吸引着无数国内外人士的目光，一年又一年，他们在这里共商共享互联网发展大计，携手共建网络空间命运共同体。

我记得1987年在普林斯顿开会的时候，外国看不起中国——网络速度这么低，只有一个节点。但是我心里想，有朝一日，中国也会像其他国家一样，很快进入信息化社会。

——钱天白

欢迎搭乘“东方快车”

亚投行诞生

2019年7月13日，亚投行行长金立群（中）与新加入亚投行的贝宁、吉布提和卢旺达代表合影

亚洲，有着巨大的消费市场和发展前景。然而，基础设施投资的不足制约着亚洲的发展速度。一个巨大的资金缺口亟待补充，亚洲基础设施投资银行（简称亚投行，AIIB）应运而生，为亚洲各国经济发展增砖添瓦。亚投行是由中国国家主席习近平于2013年10月倡议筹建的。经过多轮谈判，意向创始成员国达成共识，于2015年6月在北京签署《亚洲基础设施投资银行协定》。到2015年12月25日，该协定达到生效条件，亚投行正式成立，总部设在北京。2016年1月16日，亚投行举行开业仪式。截止到2019年7月13日，亚投行的成员国达到了具有里程碑意义的100个成员国，意味着全球超过一半的国家是亚投行的成员国。

亚投行是首个由中国倡议设立的政府间性质的多边金融机构，其目的是加快亚洲国家基础设施建设，促进本地区的互联互通和经济一体化进程，推动亚洲经济与社会稳定发展。在国际社会的瞩目下，亚投行不负众望，获得了国际评级机构的最高信用评级。

如何促进亚洲更好地发展，成了亚洲国家共同探讨的时代主题。

亚投行是中国贡献给亚洲的新方案。

历经800多天的筹建，从首批21个意向创始成员国到57个意向创始成员国，朋友圈在迅速扩大；从英国的先声夺人到世界各国的纷至沓来，亚投行开启了迈向世界的步伐。

“我们不仅拥抱亚洲的小伙伴，更邀请世界各国共襄盛举”，亚投行，这个世界金融行业的“黑马”，成功吸引了世界的眼球，从57个到100个，亚投行成员从亚洲到全球，遍布五大洲。

一个中国主导的全球性金融机构在世界东方轰轰烈烈地诞生，一个致力于基础设施建设投资的金融之花悄然绽放……

“欢迎各国人民搭乘中国发展的‘快车’‘便车’”，习近平主席表达出了中国携手世界各国共同发展的美好心愿；“达则兼济天下”，亚投行的成立和运行，践行了中华民族在世界民族之林的担当与魄力。

“投之以桃，报之以李”，亚投行用它的成绩践行了自己的承诺。

机遇共享、命运与共，亚投行这个“东方快车”将不断前行。

亚投行这朵花儿为什么这样红？因为它不仅是亚洲之需，更是世界之需。

——《亚投行：花儿为什么这样红》（《光明日报》2015年4月18日）

投资全球
中国对外直接投资实现历史性突破

2016年9月22日中国商务部等部门发布的《2015年度中国对外直接投资统计公报》显示，2015年中国对外直接投资1456.7亿美元，金额仅次于美国，投资流量跃居全球第二，实现资本净输出。截至2015年底，中国在全球188个国家（地区）设立3万多家对外直接投资企业，投资存量超过1万亿美元。2017年6月7日，联合国贸易和发展会议发布了《2017年世界投资报告》。该报告显示，中国2016年对外投资达1830亿美元，这是中国在该报告中首次成为全球第二大对外投资国。同时，中国还一跃成为最不发达国家的最大投资国，投资额是排名第二位国家的3倍。

中国作为世界第二大经济体，不仅是贸易大国，而且是制造业大国。中国企业“走出去”顺应了国际市场的需求和自身发展的需要，而“一带一路”的延伸与发展，又为中国企业“走出去”提供了契机。中国对外投资的快速发展，为全球经济的复苏和发展注入了活力，也促进了中国与各国经济的深度融合，有利于与世界各国互利共赢、共同发展。

《2017年世界投资报告》封面

伴随着改革开放的脚步，中国企业华彩初放，开始走向世界舞台，影响力也在快速增强。

从劳务输出到工程承包，再到现在的对外投资，承包商换成了投资商、运营商。经过40年的发展，中国对外投资规模越来越大，投资主体日益多元化，投资结构不断优化，投资区域更加广泛，呈现出良好的发展态势，开放型经济正在向更高层次发展。

海尔在海外建立工业园，进行本土化研发、本土化制造、本土化营销，成为全球家电的引领者；中国—白俄罗斯工业园正在如火如荼地建设中，它将成为中国在中东欧投资的桥头堡和“一带一路”向欧洲延伸的重要节点；联想收购了IBM的个人电脑业务，走上了国际化发展道路，打入国际市场；中国远洋运输集团获得希腊最大港口比雷埃夫斯港集装箱码头的经营权，让它焕发出新的生机，成为“一带一路”上的重要枢纽港……一片片跨境工业园，一桩桩海外并购案，都展现了中国企业“走出去”的雄心壮志，并在经济全球化浪潮中锻炼了自己。

如今，中国企业的身影已经遍布世界各地，不仅增加了东道国的税收，还拉动了当地的就业，丰富了周边经济和文化生活。

工作要简化，不要简单化。

没有十全十美的产品，但有百分之百的服务。

市场永远不变的法则，就是永远在变。

打价值战，而不打价格战。

质量无止境，企业无边界，名牌无国界。

——海尔集团总裁张瑞敏

共护家园

中国加入气候变化《巴黎协定》

2016年4月22日，170多个国家的领导人齐聚联合国总部，共同签署《巴黎协定》

为了控制二氧化碳等温室气体的排放，有效应对全球气候变暖对环境造成的不利影响，1992年6月在巴西里约热内卢召开了联合国环境与发展大会。会议通过了《联合国气候变化框架公约》。1997年12月在日本京都又通过了该公约的补充条款《京都议定书》，以法规的形式对发达国家温室气体的减排做出了具体规定。

为了对2020年后全球应对气候变化行动做出安排，2015年11月30日至12月11日，第21届联合国气候变化大会在巴黎召开，会议在延期一天之后于12月12日通过了《巴黎协定》。该协定主要目标是将全球平均气温升幅控制在工业化前水平以上低于2摄氏度以内，并努力将气温升幅控制在工业化前水平以上1.5摄氏度以内。2016年9月3日，全国人大常委会批准中国加入《巴黎协定》，成为第23个完成批准协定的缔约方。作为二氧化碳排放大国，中国制定了减排的“国家自主贡献”目标，以建设性态度积极参与气候谈判，与发达国家化解分歧，与发展中国家协调立场，对《巴黎协定》的最终达成做出了重要贡献。

中国自古以来就重视人与自然的和谐相处，提倡“天人合一”“天地人和”。

今天，在发展经济的同时，我们也没有忘记生态环境的重要性。

从科学发展观到生态文明建设，再到绿色发展理念，都体现了我们对生态环境的重视，体现了我们对全人类根本利益和共同命运的关注，体现了我们对地球的呵护。

在面对发展经济、拉动内需和消除贫困的多重压力下，中国还是制定了应对气候变化的国家级方案，颁布了一批保护环境的法规，采取了一系列保护环境的措施。

中国实施了规模空前的节能减排计划，淘汰大量高耗能、高污染的落后产能；中国大力发展新能源和可再生能源，水电、核电、光伏发电、风力发电等发展势头世界领先；中国大规模开展退耕还林和植树造林，森林面积、湿地面积持续增加；中国大力宣传环保意识，健康、文明、科学的绿色低碳生活方式和消费模式正在形成。

在二十国集团（G20）领导人杭州峰会前夕，国家主席习近平向联合国秘书长潘基文递交了中国气候变化《巴黎协定》批准文书。

中国加入具有里程碑意义的《巴黎协定》得到了国际社会的高度赞扬，展现了中国作为一个负责任的大国对全球人类命运的责任和担当，表现出了心系天下苍生的大国情怀。

我们只有一个地球，地球是我们共同的家园。

中国愿意与世界各国人民一道，凝聚共识，共同出力，创造一个美好的家园，让子孙后代拥有一个看得见的蓝天。

实际上，只要设定合理的目标，采取正确的政策和措施，落实《巴黎协定》、采取行动应对气候变化，不但不会阻碍经济增长，反而会促进经济高质量发展，并且会创造新的就业机会。

——中国气候变化事务特别代表解振华

慧眼独具

“中国天眼”落成启用

20世纪末，全球电波环境持续恶化，影响了射电望远镜的观测效果。1993年，在国际无线电科学联盟大会上，科学家们希望尽早建造出新一代“大射电望远镜”。从1994年开始，中国科学家就积极推动这一计划的实施，并成立了由射电天文学家南仁东为主任的“大射电望远镜”中国推进委员会。2007年，500米口径球面射电望远镜（FAST）终于作为国家重大科技基础设施项目成功立项，进入可行性研究阶段。2011年3月正式开工建设。

2016年9月25日，由中国科学院国家天文台主导建设的世界最大单口径射电望远镜FAST于中国贵州省落成启用，开始接收来自宇宙深处的电磁波，接收面积相当于30个标准足球场，被誉为“中国天眼”。与美国阿雷西博300米望远镜相比，FAST综合性能提高约10倍；与德国波恩100米望远镜相比，FAST灵敏度提高约10倍。美国国家射电天文台台长安东尼·比斯利称，FAST的建成对中国来说是一个机会，它让中国科学家走到世界前沿，相信其启用后会对包括美国在内的世界射电天文学的研究发挥更大贡献。

世界最大单口径射电望远镜FAST

一个仰望星空的浪漫构想在“天眼之父”南仁东的脑海中诞生，梦想一经萌芽，便是在荒芜绝境中都会顽强成长。

在不被人看好、技术条件落后的背景下，在选址环境要求极其严苛的前提下，在巨额工程费用面前，南仁东和他的团队没有放弃。因为他深知，要让中国的天文观测重回世界高地，就必须建这个大东西。他放弃国外的优厚条件，回国就是要为祖国天文事业争口气。

他和他的团队日夜兼程，在荒山野岭中不畏艰险进行勘探检测。十多年奔波寻址，不知跑遍多少喀斯特洼地。最终，他们选定平塘县大窝凼这个得天独厚的地方做台址。

从设想到建成的22年里，南仁东作为项目首席科学家兼总工程师，从预研、设计、选址、安装，为了工程的完美，每一件小事、每一个细节都亲力亲为。

全新的设计思路，独特的制造工艺，FAST突破了望远镜的条条极限，开创了建造巨型射电望远镜的新模式。

他们克服了难以想象的困难，实现了中国射电望远镜领域从跟踪模仿到集成创新、开始领跑世界的跨越。他们在世界天文史上刻下了新的高度！

“北驻鸟巢迎圣火，南修窝凼落星辰”，南仁东在FAST奠基石上写下的对联，至今仍闪耀着一个兼具浪漫情怀与科学工匠精神的中国天文学家的风采。

做成这件独一无二的科技大事还不到一年，南仁东就因病永远地离开了他热爱的大窝凼。

他走了，却在中国大地上留下了FAST。

“中国天眼”已经睁开，看到了来自宇宙深处的信息……

感官安宁，万籁无声。美丽的宇宙太空以它的神秘和绚丽，召唤我们踏过平庸，进入它无垠的广袤。

——南仁东

国际化新征程

人民币加入SDR货币篮子

人民币加入SDR货币篮子

SDR，即特别提款权，是国际货币基金组织（IMF）于1969年发行的一种账面资产，它根据IMF成员国认缴的份额分配，可以作为国际储备资产，可用于偿还IMF的贷款，弥补成员国之间国际收支逆差。作为对美元供给的补充，SDR最初发行时与美元等值，每一单位相当于0.888671克黄金。由于是一种账面资产，SDR也被称作“纸黄金”。

后来，美元发生危机，美元价值与黄金脱钩，主要货币对美元的固定汇率被放弃，SDR开始与一篮子货币挂钩，其价值由篮子中的储备货币决定。2016年10月1日，人民币正式加入SDR货币篮子，5种货币所占的权重为：美元41.73%，欧元30.93%，人民币10.92%，日元8.33%，英镑8.09%。人民币超越日元、英镑成为世界第三大储备货币。

IMF首次将一个新兴经济体货币加入SDR货币篮子，是国际社会对中国发展成就和国际贸易地位的认可，是人民币融入全球金融体系的重要里程碑，人民币国际化由此迈出关键一步。

第二次世界大战后，美国凭借其世界超级大国和资本主义盟主的地位，让美元取代英镑成为国际货币体系中的霸主。

美元与黄金挂钩，其他国家的货币按固定汇率与美元挂钩，美元成了世界货币，美国成了以美元为中心的国际货币体系，也就是布雷顿森林体系的最大赢家。

国际贸易需要美元，石油交易离不开美元，各国主要的外汇储备也是美元，有人说，美元一“生病”，全世界都得“吃药”。

然而，随着西欧经济的复苏和亚洲经济的繁荣，世界经济格局发生重大变化；加之美国深陷侵略战争的泥潭，国际收入状况恶化，一次又一次的美元危机，使它的信用不断降低，甚至乞丐的帽子上都写着“不要美元”。

最终，布雷顿森林体系崩溃了，美元失去了霸主地位。

正是在这样的背景下，特别提款权价值与美元脱钩，而与一篮子货币挂钩，最初是16种货币，1999年后是美元、欧元、英镑、日元。

改革开放后，随着中国经济的崛起，人民币的国际地位迅速提高，越来越多的对外贸易用人民币结算，离岸人民币存款出现了惊人的增长，人民币用它的绝对实力征服了IMF。2015年11月30日，IMF宣布将人民币纳入SDR货币篮子，2016年10月1日正式生效。

人民币加入SDR货币篮子，标志着人民币成为IMF成员国的官方使用货币，成了真正意义上的世界货币。人民币国际化的新征途正在徐徐展开。

货币篮子扩容对于IMF、中国和国际货币体系来说，都是历史性里程碑。

——IMF总裁拉加德

“中国名片”
移动支付引领世界潮流

第九届中国移动支付年会海报

2017年5月，“一带一路”沿线20国青年评选出了中国“新四大发明”——高铁、网购、移动支付、共享单车，这件事迅速走红网络。作为“新四大发明”之一的移动支付，不仅方便了国人，还成功“圈粉”海外友人，全球不少国家和地区正在感受中国的支付速度，并向中国争相取经，中国正在从移动支付的“跟随者”变成“引领者”。

作为新科技革命的产物，移动支付近年来在中国发展迅速，从线上支付向线下支付全面渗透，覆盖了人们的衣食住行，我国基本跨入“无现金社会”的门槛。2017年我国移动支付规模超过200万亿元，稳居世界第一，遥遥领先于西方发达国家。

在深耕国内市场的同时，我国移动支付企业冲出国门、走向世界，积极拓展海外市场，向东南亚、南非等国家和地区输出技术与经验，促进当地无现金支付发展。正如新加坡总理李显龙所言：“在电子支付方面，中国已经走在最前沿。”移动支付如今已成为一张新的“中国名片”，正在引领全球支付体系迈入新时代。

打开人类历史画卷，近千年之前，中国发明纸币，率先开启货币流通的新纪元。

历史总是如此相似，千年之后，站在世界信息化浪潮前沿，中华民族再一次引领全球支付体系迈入新时代；从线上到线下，从有形到无形，从有界到跨界，移动支付一次次刷新着商品交易新纪录。

支付宝、微信等移动支付二维码，已遍布大街小巷，正带领我们走向一个出门不带钱包、不带卡的时代。真可谓“一机在手，扫扫全有”。

中国移动支付还随着中国旅游大军漂洋过海到了国外。在法兰克福机场、在芬兰雪橇上、在赫尔辛基渡轮里、在莫斯科地铁、在纽约中央公园的马车上、在东京出租车里、在新加坡餐馆、在开普敦观光大巴上……都能看到支付宝的倩影。

你好、谢谢、支付宝，已经成为海外一些商家挂在嘴边的中国话，模仿中国移动支付的各种“Pay”（支付手段）也在一些国家和地区遍地开花，一场由中国公司促成的支付革命正在海外进行……

中国移动支付引领着消费支付新潮流，创造了居民消费新热点。

这是科技革命与支付产业水乳交融、互联网与实体经济交相辉映的时代结晶，也是中国创造引领世界移动支付潮流的智慧结晶。

在这个新的互联网时代，不再信奉传统的弱肉强食般的“丛林法则”，它更崇尚的是“天空法则”。所谓“天高任鸟飞”，所有的人在同一天空下，但生存的维度并不完全重合，麻雀有麻雀的天空，老鹰也有老鹰的天空。决定能否成功、有多大成功的，是自己发现需求、主动创造分享平台的能力。

——腾讯公司董事会主席马化腾

一飞冲天
国产大飞机成功首飞

C919在浦东机场上空首飞

2017年5月5日15时，由中国商用飞机有限责任公司负责研发的我国首架国产大飞机C919在上海浦东国际机场的上空展露身影，这个承载着国人半个世纪梦想的国产大飞机终于翱翔在了蔚蓝的天空中，穿云破雾，带着中国的航空梦想展翅飞翔。

大型飞机是《国家中长期科学和技术发展规划纲要（2006—2020年）》确定的16个重大专项之一。作为我国首款按照最新国际适航标准研发的单通道150座级干线客机，C919研制历时十载，攻克了一百多项关键核心技术难题，凝聚了中国数十万研制人员的心血，是我国民用航空史上的重要里程碑。

C919的首飞成功，吸引了世界的目光，它打破了美国波音、欧洲空客的民用空中垄断，迈出了追赶世界航空工业先进水平的坚实步伐。截至2018年初，C919累计获国内外28家客户815架订单。法国费加罗报网站评价说："C919试飞成功，中国正在拥有一个大国的所有属性。"美国《华尔街日报》说："中国正努力重现历史辉煌，在科技创新上'重回世界之巅'。"

欧洲空中客车公司、美国波音公司，这两个相爱相杀的天空霸主，雄霸全球数十年，无人能敌。在这个两巨头统治的世界里，中国国产大飞机奋起直追。

从1970年中国第一款大飞机运-10开始研制，到2013年运-20首飞成功，再到2017年C919首飞成功，一代接一代的中国航空人在传承中不懈奋斗，追逐着属于中国人自己的大飞机梦。

他们为同一个梦想携手共进，为同一个目标鞠躬尽瘁。

日均12小时的工作时间，连续的通宵达旦，节假日不下研发线，他们在十年如一日的研发中燃烧智慧、贡献热量，默默做出自己的努力。

从2007年大型飞机研制重大科技专项正式立项，中国航空人“十年磨一剑”，一分一秒毫不放松。2008年研发开始，人们满怀期待；2015年C919总装下线，人们翘首以盼；2017年首飞成功，人们欣喜若狂。

“大鹏一日同风起，扶摇直上九万里。”上海浦东机场上，那硕大的身影自平地而起，跃然飞翔九天。“我们曾被嘲笑是没有翅膀的雄鹰，这个翅膀就是指民用飞机，现在我们可以挺起腰杆了。”

C919迎风而起，打造空中的“中国名片”；“C”是中国的英文名称“CHINA”的第一个字母,同时也是“COMAC”（中国商用飞机有限责任公司的英文缩写）的第一个字母。第一个9寓意“天长地久”,19是指最大载客量为190座。

C字始发，打破A、B垄断，铸就中国科技奇迹。

“天高任鸟飞，海阔凭鱼跃。”天空，我们来了，展翅翱翔，共筑新的辉煌。

从这一刻起，蓝天上终于有了一款属于中国的、完全按照世界先进标准研制的大型客机。这是我国民用航空领域的一次重大跨越，标志着中国朝着实现航空强国的梦想又近了一步，中国航空工业实现了重大突破。

——《我国航空工业实现重大突破》(《光明日报》2017年5月6日)

“威龙”腾空
中国隐身战斗机列装部队

我国自主研制的隐身战斗机歼–20

歼–20是我国自主研制的一款单座双发隐形第五代战斗机。2017年3月9日，中央电视台首次证实歼–20已经进入空军服役。这是我国军队建设史上一个新的飞跃，是我国国防能力高速发展的一个象征。

1997年，世界上首款第五代战斗机美国F–22“猛禽”进行首飞。就在这一年，歼–20“威龙”开始立项研制。2011年1月11日，我国第一架歼–20验证机在成都实现首飞，引发海内外极大关注。2016年11月1日，两架歼–20在珠海航展上突然现身，首次公开进行飞行展示，引起轰动。2017年7月30日，3架歼–20参加在朱日和举行的庆祝中国人民解放军建军90周年阅兵活动，首次以战斗姿态展示在世人面前。歼–20的服役让中国成为继美国之后世界上第二个装备第五代战斗机的国家。

隐身战斗机素有“空中幽灵”之称，它行踪诡秘，能有效躲避雷达跟踪，是打赢现代战争的重要力量。我国著名科学家钱学森曾称隐形技术的问世，其意义相当于当年的原子弹。歼–20的列装改善了我国空军作战部队主战航空装备的构成，大大加速了空军从“国土防空”向“攻防兼备”的战略转型，标志着新时代我国建设世界一流军队迈出坚实的步伐。

你从20世纪飞来，身披民族宏愿，彰显中华儿女的民族复兴梦想；你向未来启航，犹如腾飞的巨龙，展现盛世中华的复兴征程。

你从研究所飞来，身着中国制造，凝结着研制人员的智慧和汗水；你向蓝天腾飞，一俯一冲，犹如苍鹰，展现最美身姿，向世界展示我国国防震撼实力。

单座、双发、双垂尾、带边条鸭式气动布局，菱形机身简洁平直，隐身性、机动性、稳定性突出，超音速巡航能力、强大的电子对抗能力、强悍的格斗能力、全方位打击能力、协同作战能力，使其能担负起维护中国海空主权的任务。

歼-20是中国现代空中力量的代表作，是通过自主创新实现强军兴军梦想的典型，它的研制成功将中国空军的综合实力整体提升。

从2011年的公开首秀到2016年珠海航展上的惊鸿一瞥，从庆祝建军90周年朱日和沙场秋点兵，到今日列装空军作战部队，二十载研制、改进、试飞、定型路，歼-20展现了我国国防实力发展的光辉历程，更彰显出中国制造的磅礴力量。

列装部队是你的归宿，腾飞蓝天是你的使命。今日，你恰如“空中飞龙”，纵览九州长空，肩负铁翼之上的使命，守卫国家主权、安全和领土完整，成为共和国空军有效塑造态势、管控危机、遏制战争、打赢战争的大国重器。

当我们推出一款战斗机的时候，部队会感到满意，民众会感到震撼，对手会将其视为某种挑战与威胁，业内会将其视为未来的发展趋势。工程就意味着无尽的前沿，这就是我们所追求的！

——歼-20总设计师杨伟

走出国门闯世界

改革开放以来的出国潮

1978年12月26日，新中国第一批留美访问学者欢送座谈会合影

改革开放之后，越来越多的国人将目光投向世界。20世纪80年代初国家把自费出国留学政策放开，90年代初提出了“支持留学、鼓励回国、来去自由”方针，这激起了广大青年学生出国的梦想，吹响了中国青年走向世界的号角。改革开放的好政策加速了中国人奔小康的步伐，一些先富裕起来的中国人开始走出国门闯世界。进入21世纪，越来越多的中国人走出国门，他们或想学习外国先进的科学技术，或想看一下外面世界的风景，或想利用外国市场发家致富，或想体验一下外国的生活方式，或移民国外，或探亲访友……于是，一浪又一浪的留学潮、旅游潮、经商潮、移民潮在人们的好奇与渴望中掀起，这是中国历史乃至世界历史上都未曾有过的出国潮。

这次出国潮时间长、人数多、范围广，不论对中国还是世界都产生了重要影响。一大批出国留学的青年学生，学成之后回国，成为各行各业的优秀人才。在相互的交流中，传播了双方的文化，增加了彼此的了解，促进了经济发展和社会进步。

读万卷书，行万里路。

中华民族是一个善于学习新鲜知识、敢于闯荡外部世界、包容接纳域外文明的民族，当条件成熟了，中国人骨子里所具有的这些基因就表现出来了。

改革开放大潮冲开了中国人走向世界的各种通道，一波接一波的出国潮既改变了中国对世界的印象，也改变了世界对中国的印象。

在哈佛耶鲁、在剑桥牛津、在斯德哥尔摩乌普萨拉、在京都大阪……在世界各地的大学，都活跃着中国学者和学子的身影。他们在国际学术大会上做报告，赢得了热烈的掌声；他们在教室中与师生讨论问题，新颖的想法引来赞许的目光。中国留学大军的到来，既推动了各国教育和学术的发展，也使外国人看到了奋发有为的中国形象。

在巴黎的卢浮宫、在伦敦的大本钟下、在罗马角斗场、在圣彼得堡的"阿芙乐尔号"巡洋舰上、在华盛顿的国会山、在多伦多安大略湖畔、在悉尼歌剧院……中国游客络绎不绝，有些著名景点竟形成游人如织的壮丽景观！

中国旅游大军的到来，既推动了当地旅游经济和文化产业的繁荣，也使外国人看到了意气风发的中国形象。

世界对中国的一些固有看法变了，世界接纳中国的方式变了……只因中国变了，变得是那么快，变得是那样强大、那样焕然一新！一个正在建设社会主义现代化强国和实现中华民族伟大复兴的中国已赫然矗立在人类文明发展的康庄大道上！

留学人员是我国人才资源的重要组成部分，是现代化建设的特需人才资源。做好留学人员回国服务工作，对于解决留学人员回国工作、生活的后顾之忧，营造良好环境，吸引更多留学人才回国（来华）参与现代化建设具有重要意义。

——《关于加强留学人员回国服务体系建设的意见》

治沙的中国经验

库布其沙漠治理

库布其沙漠位于内蒙古鄂尔多斯市北部，是中国第七大沙漠，面积约为1.86万平方公里，曾经是华北地区沙尘暴的主要沙源地。每到冬春，狂风肆虐，黄沙漫卷，使北京等地饱受沙尘暴困扰。当地农牧民不得不数次搬迁，生活困苦不堪。

当地政府和农牧民不断探索沙漠治理途径，在政府的大力支持下，协调发挥政府、企业、社会的作用，把治沙与脱贫致富、生态修复、产业开发有机结合起来，因地制宜地运用各种科学的沙漠治理方法，大力发展沙漠生态循环经济。历经30多年的治沙实践，库布其沙漠已经披上了绿装，植被覆盖超过一半，创造了千亿级的生态财富，带动沙区10万多人摆脱贫困。

2000年库布其沙漠卫星遥感图

2016年库布其沙漠卫星遥感图

库布其沙漠治理的成功实践开创了一条具有中国特色的产业化治沙之路，为世界荒漠化治理提供了中国经验，被国际社会称为“全球沙漠生态经济示范区”、沙漠综合治理的“中国样本”。

库布其沙漠，像一束挂在黄河“几字弯”南岸的弦，黄沙满天飞，道路难寻觅，让人望而却步、纷纷逃离。

被风沙追着跑的当地农牧民，不屈不挠地与命运抗争，植树、种草、固沙，但很低的存活率让人心寒。他们不断尝试，但受技术、资金、水源的限制，始终收效甚微。

当地政府大胆改革、勇于创新，吸纳市场力量运作，动员全民共治、生态共享。

创立于20世纪80年代末的亿利资源集团背沙一战，三十年如一日的治沙防沙探索，打破了农牧民所有的质疑。

一条条穿沙公路，一片片护路林，路修到哪里，绿化就跟到哪里。

车辆涌进来了，企业纷纷加入了，技术不断跟进了，生态、社会和经济效益显现了。

治沙民工队的组建、国内外志愿者的分批到来、当地人的纷纷回归，参与治沙的队伍不断壮大；打草格、水冲沙柳种树、甘草固氮治沙等，治理技术上不断创新；治理一块，收益一块，美化一块。

库布其沙漠治理逐步有了成效，黄沙漫舞的库布其穿上了绿色的新衣；雨水多了，花儿多了，鸟儿多了，游人多了，寂静的沙漠热闹了！

沙海变绿洲，沙山变金山，有了绿色就有了希望，整个沙漠充满着生机。

绿色中国梦被种植在了这片广袤的沙漠上，库布其模式书写了“人进沙退”的壮美篇章。

库布其模式给世界治沙事业带来启示，荒漠化问题一旦得到控制，不仅能保护生态系统和土地，还能同时保证粮食安全、水资源安全和当地经济的发展。我认为库布其模式值得研究和总结，相信库布其模式是一个值得推广的模式。

——联合国防治荒漠化公约秘书处官员普拉迪普·梦噶

“中国红”席卷全球

春节正在成为世界性节日

赫尔辛基民众在第12届“欢乐春节赫尔辛基庙会”上舞龙

春节，俗称过年，是中国最重要、最热闹的传统节日，其丰富多彩的习俗都有着美好的寓意，满足了人民群众对团圆、兴旺、平安、幸福生活的期盼。在中国，男女老少都喜欢过大年，从腊月初八的腊祭或腊月二十三的祭灶到正月十五闹元宵，一直洋溢着浓浓的年味，除夕和正月初一为节日高潮。除旧迎新、置办年货、守岁祭祀、走亲访友，“有钱没钱，回家过年”，春节是中国人一年中最喜庆的日子。

在古代，中国周边的一些国家和地区深受中国传统文化的影响，也有过年习俗。近年来，随着中国对外经济文化交流的广泛开展，中国的春节习俗也传遍了世界。几十个国家和地区、地方陆续把春节作为法定节假日，春节俨然成为一个世界性的节日。每到春节来临，越来越多的外国重要城市纷纷举办庆祝活动，“中国红”为世界披上了节日盛装，让外国人在欢乐喜庆的年味中感受到中国传统文化的魅力。

每年的春节，无论你身在何方，“回家”是镌刻在每个人心底的烙印。而今，这个象征“回家”的“春节”却“走了出去”，要在全球书写春节的故事。

俄罗斯圣彼得堡红色洋溢，独具中国风味的“春晚”隆重举办。

美国纽约一系列庆祝活动轮番上演，巡游、庙会、演出、舞龙、舞狮，五彩缤纷的烟花秀装点着哈德逊河的夜空，把中国春节独有的文化气息传递给当地民众。

加拿大的国家电视塔特意为春节点亮“中国红”，著名的尼亚加拉大瀑布在中国春节期间亮“红”，飞流直下的景象尤为壮观。

英国伦敦特拉法加广场，彩旗招展，几十万人同庆中国年。

法国埃菲尔铁塔喜上红装，映红巴黎城。

埃及的开罗塔也被红色灯光照亮，增添了除夕夜的喜庆气氛。

毛里求斯的路易港市中心举办花车巡游与广场庆典，在商场、街头高高挂起了大红灯笼，来自各地的游客都可以在这里感受到浓浓的年味。

菲律宾马尼拉市唐人街举办大型的跨年夜联欢晚会，彩色城门挂着大红灯笼，烘托出浓郁的中国风。

外国政要纷纷发来新春祝福，给中国人民拜大年。

外国各大商场也装扮上中国红，迎接中国旅游大军的到来。

这个“中国味”浓厚的中国传统节日，在21世纪以极大的自信和勇气走出国门，踏上世界舞台，用中华上下五千年的文化魅力吸引着世界人民的目光。

如今的春节不仅是中国人的春节，也是世界的春节，“独乐乐不如众乐乐”，普天同庆过大年，一起欢度中国年。

中国的春节正在成为全世界的节日，而中国文化也以春节为载体，走入世界各国人民的心中。

——《春节在海外 文化入人心》（《光明日报》2018年2月22日）

旗帜引领

党的十九大把习近平新时代中国特色社会主义思想写入党章

中国共产党第十九次全国代表大会在北京召开

2017年10月18日至10月24日，中国共产党第十九次全国代表大会在北京召开。这是在全面建成小康社会进入决胜阶段、中国特色社会主义发展处于关键时期召开的一次十分重要的大会。习近平总书记在大会上指出，经过长期努力，中国特色社会主义进入新时代，我国社会主要矛盾已经转化为人民日益增长的美好生活需要和不平衡不充分的发展之间的矛盾。

新时代诞生新思想。自党的十八大以来，以习近平同志为核心的党中央紧紧围绕时代课题，密切联系中国现实，不断深化对共产党执政规律、社会主义建设规律、人类社会发展规律的认识，经过艰辛理论探索，形成习近平新时代中国特色社会主义思想。10月24日上午，党的十九大通过了《中国共产党章程（修正案）》，把习近平新时代中国特色社会主义思想作为指导思想写入党章。

习近平新时代中国特色社会主义思想是马克思主义中国化的最新成果，不仅开辟了21世纪马克思主义的新境界，而且是引领全党全国人民夺取新时代中国特色社会主义伟大胜利和实现中华民族伟大复兴中国梦的行动指南。

一种思想，只有实事求是、与时俱进、求真务实，方能永葆生机；一种理论，只有总结过去、顺应时代、指引未来，方能尽展魅力。

新思想回答新问题——坚持和发展什么样的中国特色社会主义，怎样坚持和发展中国特色社会主义，习近平新时代中国特色社会主义思想给出了完满答案。

新思想开创新梦想——实现中华民族伟大复兴的中国梦就是要实现国家富强、民族振兴、人民幸福，实现中国梦必须走中国道路、弘扬中国精神、凝聚中国力量。生活在我们伟大祖国和伟大时代的中国人民，共同享有人生出彩的机会，共同享有梦想成真的机会，共同享有同祖国和时代一起成长与进步的机会。中国梦成为时代最强音。

新思想呼唤新世界——构建人类命运共同体，就是要建设持久和平、普遍安全、共同繁荣、开放包容、清洁美丽的世界，走对话而不对抗、结伴而不结盟的国与国交往新路。

新思想引领新时代——中国特色社会主义进入了新时代，中华民族迎来了从站起来、富起来到强起来的伟大飞跃。中华民族伟大复兴，绝不是轻轻松松、敲锣打鼓就能实现的。要幸福就要奋斗。空谈误国，实干兴邦。在新时代要有新气象、新作为，要增强“四个意识”、坚定“四个自信”，撸起袖子加油干。

一艘巨轮拉响汽笛，正乘风破浪。

一个梦想激荡人心，正变为现实。

习近平新时代中国特色社会主义思想是对马克思列宁主义、毛泽东思想、邓小平理论、“三个代表”重要思想、科学发展观的继承和发展，是马克思主义中国化最新成果，是党和人民实践经验和集体智慧的结晶，是中国特色社会主义理论体系的重要组成部分，是全党全国人民为实现中华民族伟大复兴而奋斗的行动指南，必须长期坚持并不断发展。

——《中国共产党章程》

后 记

在中华人民共和国的历史长河中发生了许许多多的大事件，这些历史事件推动了中国的发展，也以其巨大的力量在世界范围内产生了重要影响。本书从各个领域选出部分大事，按照历史发展的脉络，以简洁明了的形式，生动再现新中国成立以来的奋斗足迹及其对世界的影响。

本书约请全国优秀社会科学普及名家、山东省科普创作协会副秘书长、博士生导师高奇教授任主编，耿爱英、肖宏任副主编，负责提纲拟定、体例设计和修改统稿及文字润色等工作。参加编写的人员有（以姓氏笔画为序）巩倩倩、李永卫、李声晨、李菲菲、杨毅、陈明琨、咸友芹、高泽、郭云泽、黄敏、曹晓习、韩文彬。

本书在编写过程中参考了一些重要文献、学术著作和新闻报道，出于体例上的考虑，没有一一注明。为了形象地说明书中的相应内容，本书选用了一些图片。在此，我们一并向所有作者表示诚挚感谢！

由于我们的时间精力和水平有限，本书可能还存在一些不足之处，敬请读者朋友多提宝贵意见，以便日后补充改正。

编者

2019年2月

微信扫描二维码  聆听作者精彩演讲